Grimaldi: Jetzt rede ich

Heinz Prüller/Nora Frey

Grimaldi: Jetzt rede ich

Promi-Hunde packen aus

Orac
Wien • München • Zürich
Ein Verlag
im Hause Bertelsmann

Bildquellennachweis: Privat: S. 11, Peter Heimsath/Keystone: S. 13, privat/Dr. Lachmayer: S. 15, ORF/Ali Schafler: S. 17, Felicitas v. Timpe, München: S. 18), Kronen Zeitung: S. 19, BIG Pictures/Keystone: S 24, Pentaphoto, Milano: S. 26, privat/Totschnig: S. 31, privat/Dokupil: S. 37, Bernard Cahier: S 42, privat/Graf Frederik af Petersens: S. 51, privat/Innauer: S. 59, privat/Innauer: S. 62, privat/Dr. Klaus Edlinger: S. 75, Marlboro/Ercole Colombo: S. 79, Marlboro/Ercole Colombo: S. 81, privat/Mika Salo: S. 83, privat/Ross Brown: S. 85, Bernard Cahier: S. 95, Sport News: S. 113, privat/Gutensohn: S. 115, Sven Simon, München: S. 116, privat/Anita Wachter: S. 119, privat/Karin Köllerer: 120, Hanne Huistendahl: S. 123, Pentaphoto, Milano: S. 124, Pentaphoto, Milano: S. 125, privat/Paolo de Chiesa, Pentaphoto, Milano: S. 128, Pentaphoto, Milano: S. 129, privat/Rosi Mittermaier: S. 131, Ref Exclusive/Keystone: S. 140, Werner Matt: S. 143, pictures born/Werner Matt: S. 145.
Bilder auf dem Einband: Vorne: Nora Frey, Wien, hinten von oben nach unten: Sport News, privat/Anita Wachter, privat/Rosi Mittermaier, Ref. Exclusive/Keystone.

ISBN 3-7015-0420-2

Einbandgestaltung: Eva Silvand
Satz: Zehetner Ges. m. b. H., A -2105 Oberrohrbach
Druck und Bindung: Wiener Verlag, Himberg bei Wien
Gesetzt nach den Regeln der neuen deutschen Rechtschreibung

Gedruckt auf chlorfrei gebleichtem Papier

Inhalt

Streitende Hunde

Grimaldi gegen Ferdinand live im TV-Studio

Da haben wir beide uns also vorgenommen, ein weiteres Buch über *Grimaldi* zu schreiben. Erstens deshalb, weil *Grimaldis* erstes Buch bereits in der dritten Auflage ist, und zweitens, weil uns immer wieder Menschen, die wir durch unseren Beruf kennen, zwischenzeitlich so viele nette Hundegeschichten erzählt haben, dass es schade wäre, sie nicht mit anderen Tierfreunden zu teilen.
Storys von Freunden, Sportlern, Promis – und vielen Hunden.
So sitze ich also heute bei Sommerregen in einer Tiroler Berghütte in St. Jakob im Defreggental, beide Hunde, *Grimaldi* und Freundin *Laika,* der Malamut meines Sohnes, an meine Füße gekuschelt, und tippe in meinen Computer.
Da war doch z. B. die Geschichte mit der Fernsehsendung …
Als das Buch „Grimaldi & Co" voriges Jahr erschien und *Grimaldi* davor durch sein Zugsunglück einige Wochen TV-Abstinenz hatte, überredete mich meine „Treffpunkt Wien"-Redaktion, ihn zusammen mit Buchautor Heinz Prüller in die Sendung zu bringen. Kammersänger Heinz Holecek und sein ungezogener Rottweiler Ferdinand wurden gleich mit dazu eingeladen, sowie die Hundebesitzer Toni Sailer und Franz Klammer, beide allerdings ohne ihre Vierbeiner.
Ich hatte keine Ahnung, was an diesem TV-Nachmittag auf mich noch alles zukommen sollte.
Bei einem kurzen Vorgespräch in unserer gemütli-

chen Redaktion beschnupperten sich der Holecek-Hund (aus einem Tierheim) und *Grimaldi* noch freundlich. Auf dem Weg ins Studio markierte Honzos bulliger Rottweiler jede nur mögliche Ecke und setzte dies im großen ORF-Studio 2 vor 100 Live-Gästen ungeniert fort. Honzo schnaufte und grinste: „Macht er immer, ist er nicht drollig? Hoho …“
Zu Sendungsbeginn lag der schwarze Koloss dann noch unterwürfig zu Füßen seines Herrls, dazwischen die Skigrößen Klammer und Sailer. Weit weg, sicherheitshalber am anderen Ende der Couch, hatte ich Heinz mit *Grimaldi* platziert.
Der übliche TV-Talk begann, und schon nach wenigen Minuten spürte ich mit meinen Füßen, wie das Podest, auf dem die Talkshow stattfand, zu vibrieren anfing. Honzos Hund hatte beschlossen, *Grimaldi* das Revier (also das TV-Studio) abspenstig zu machen. Lampenfieber kannte er nicht und Live-TV-Talk war ihm ohnehin Wurst.
Tiefes, kehliges Knurr-Grollen ließ das Podest erzittern.
Grimaldi, furchtsam und nicht immer ein großer Held, rutschte auf dem Bauch liegend langsam hinter die Couch, aber nicht ohne doch noch mit leisem Winsel-Grollen sein Rückzugsgefecht zu untermalen. Er, dem das ganze Studio gehörte, sollte sich nun öffentlich von so einem dahergelaufenen Promi-Hund …
Doch dann ging plötzlich alles blitzschnell:
Grimaldi, fransiger Flokati-Verschnitt, zur Hälfte bereits hinter der Couch, knurrte plötzlich heftigst zurück und bleckte seine Zähne in Richtung Rottweiler und TV-Kamera. Heinz hatte ihn beim Halsband gefasst und ihm „brav sein“ ins Ohr geflüstert. Ein

Fehler, denn Körperkontakt zum Herrl und eine derartige verbale Bestätigung seines Tuns motiviert den Hund ins Grenzenlose. Er muss ja jetzt schließlich zeigen, *wie* brav er sein kann.
Honzo tat in der Sekunde genau das Gleiche. Er fasste den Rottweiler an der Halskette und ...
Schon standen sich zwei wilde Bestien gegenüber, das Rückenfell mächtig gesträubt, die Brust heraußen, und es war klar, dass sie in der nächsten Sekunde übereinander herfallen würden. Hier eine TV-Talkshow abwickeln zu wollen war nicht mehr möglich.
Die Hunde brüllten, kläfften, grollten, knurrten, und die Herrln, beide alte Bühnenprofis, gaben sich souverän, waren in Wirklichkeit aber völlig ratlos und überfordert.
Ein prüfender Seitenblick auf den Monitor und mir war klar, dass nur noch mein Regisseur großen Spaß an der Sendung hatte. Es war kein Wort mehr zu verstehen.
Der überaus tierliebende Regisseur hatte den leicht nach unten gehaltenen riesigen Kopf des Rottweilers überlebensgroß ins Bild genommen. Das Weiße blitzte aus seinen Augen, als er schräg hinauf in Kamera II bleckte. Seine Wasserschüssel hatte er umgestoßen und die nicht wasserfeste Farbe der Studiobodendekoration hatte sich in eine blutrote Lache verwandelt. Der Regisseur nahm das mit Kamera IV ins Bild.
Fernsehzuschauer, die erst jetzt eingeschaltet hatten, konnten sicher sein, sie hätten gerade ein größeres Blutbad in „Treffpunkt Wien“ versäumt.
„Einer muß nun gehen“, formulierte ich entschieden und hoffte, Honzo als langjähriger Bühnenprofi wür-

de die Ausweglosigkeit der Situation erkennen und souverän das Studio räumen. *Keine* Reaktion. „Ja bitte, wir können da so nicht weiter über die lieben Haustiere diskutieren, *einer muss gehen.*" Eindringlich und mit starrem Blick sah ich nun Heinz an, in der Hoffnung, dass er als mein Ehemann und langjähriger Fernsehprofi ... *Keine* Reaktion. Noch immer *keine Reaktion.*

Wie lange sollte dieses Theater denn noch weitergehen? Mein Gott, Nora, was hast du dir denn da wieder aufschwätzen lassen?

Honzos Frau saß mit stoischem Gesicht in der ersten Zuseherreihe. Die prominenten Studiogäste Klammer und Sailer, sie waren schon minutenlang nicht mehr zu Wort gekommen, zogen ihre lässig ausgestreckten Weltmeister- und Olympiabeine vorsichtshalber ein – aber das war auch schon alles.

Jeder weitere Versuch zu reden war sinnlos geworden. Man verstand sein eigenes Wort nicht mehr.

Nun versuchte ich die Aufmerksamkeit von den beiden Kötern (wie ich sie in diesem Augenblick hasste ...) abzulenken und wendete mich einer Seherin zu, die in die Sendung angerufen hatte.

„Was ist denn bei Ihnen los?" schrie sie daheim in ihr Telefon, „... mein Hund knurrt und springt ständig gegen den Fernsehapparat", beschwerte sie sich ...

In meiner stillen Verzweiflung rettete ich mich gerade noch mit der Ansage zu einer Werbeunterbrechung, um dann, als der TV-Spot lief, die beiden Hundehalter anzuschnauzen. Heinz zog sich freiwillig in die Publikumsränge zurück. Letzte Reihe. *Grimaldi* nahm er mit. Für den Rest der Sendung.

Die Dose Hundefutter, die ich ihm als kleines Dankeschön für die wunderbare Sendung zum Abendessen servierte, ließ er stehen. Nicht der Heinz, sondern der *Grimaldi.* *Nora Frey*

Talk-Show mit Hund: Grimaldi ist immer der Star.

Verliebte Hunde

Auf Kaisers Spuren: Seitensprung im Prater

Grimaldi muss in seinem früheren Leben einmal ein Baywatch-Girl gewesen sein: Florida-Sonnenschein, tolle Figur, David Hasselhoff zur Seite.
Denn *Grimaldi* will immer alle Schwimmer retten. Ob Kleinkind, Kids oder Erwachsene. Jeden, der beim Schwimmen ein bissl Wellen schlägt, wähnt unser Hund in akuter Ertrinkungsgefahr. Also springt er sofort in den See, pflügt durchs Wasser und nimmt unbeirrt Kurs auf den Schwimmer, der gar nicht gerettet werden will.
Aber das ist *Grimaldi* egal.

Am Wörthersee hat nicht nur Popstar Sting einmal einem Dackel das Leben gerettet: Der Hund zappelte zwischen Badesteg und Wasser hilflos an der Leine – bis ihn der zufällig vorbeikommende Sting entdeckte und vorm Ersticken bewahrte.
Am Wörthersee hat auch Franco Andolfo mit seiner Band schon unzählige Romanzen gestiftet. Sein Schlagzeuger hatte einen riesigen Bernhardiner, genannt *Pepe* – und der hatte ein außerordentliches Talent zum Taxifahren.
Jeden Abend, immer zur gleichen Zeit, kam ein Taxi vorm Casino in Velden vorgefahren. *Pepe* wartete artig, der Chauffeur grüßte kurz und öffnete die Tür. *Pepe* stieg elegant ein, außerordentlich elegant sogar für einen Bernhardiner, und fuhr gemütlich wie ein Kurgast nach Hause.
Den ganzen Sommer, jeden Tag. *Same time, same*

station. Die Szene sah man später in einem Wörthersee-Film.
Aber wie schaut es mit der Romantik bei den Hunden aus, zum Beispiel im viel besungenen Wiener Prater?

Präsidentenspaziergang: Bill und Hillary Clinton, wie immer gut bewacht.

Im Geist sieht man dort noch heute kaiserliche Kutschen vorfahren. Oder Erzherzoge und k. u. k. Offiziere, die jungen Damen galant aus der Droschke helfen. Das Restaurant Lusthaus im Wiener Prater hat Tradition, das „Alte Jägerhaus“, schräg vis-à-vis am Ende der Prater-Hauptallee, auch.
Das Lusthaus wurde 1781–1783 von Joseph II. als kaiserlicher Jagdpavillon erbaut und ist seither ständig Schauplatz denkwürdiger Feste. 1814 zum Beispiel fanden sich rund um das Lusthaus 30.000

Soldaten und 150.000 Zivilisten ein, um den Jahrestag der Völkerschlacht bei Leipzig zu feiern. Anwesend waren die wichtigsten Monarchen Europas.
„Im Prater blüh'n wieder die Bäume …" Aber dort schießen auch die Triebe.
Eines Tages platzt, überfallsartig, ein Anruf von „Jägerhaus"-Chef Leopold Zawadil bei „Lusthaus"-Besitzer Dr. Helmut Raftl in die romantische Stille: „Ihr Sohn hat meine Tochter geschwängert!"
Dem Dr. Raftl fällt fast der Hörer aus der Hand. „Das kann nur der Hias gewesen sein", stöhnt er nach kurzer Schrecksekunde und denkt an seinen Sohn.
Bis sich unter Gelächter das Missverständnis aufklärt: Der verdächtige Junior ist völlig unschuldig. Nur der „Lusthaus"-Hund Poldi, ein Bobtail, hat bei der „Jägerhaus"-Hundedame, einer Berner Sennenhündin, einen Fehltritt getan. Der Wurf umfasste neun Welpen, einen hat sich der „Jägerhaus"-Chef behalten: Fridolin, der heute immer noch im Prater lebt.
Der Schweif wurde bei allen belassen, nicht kupiert.
Poldi, der Stammvater: Was für ein potenter Hund: Einmal läuft er die 30 km von Altmünster nach Regau, weil er dort eine Hündin wittert. Und was hat er, dort angekommen, gekriegt? Nur Spaghetti zum Fressen, sonst nix.

Na ja, die Triebe. Auch Heini Messner – jahrelanger Kneissl-Stallgefährte des Skiwunders Karl Schranz – hat außer zwei treuen Schäferhunden auch einen leidenschaftlichen Berner Sennenhund.
Als Heini einmal am Brenner im Gasthof „Zur Post" einen schnellen Kaffee trinken geht, lässt er seinen Hund draußen im Auto zurück. Was Messner nicht

wissen kann: Die Dackelhündin der „Post"-Wirtin ist läufig.
Als Messner zum Auto zurückkommt, ist der Fond total verwüstet: Sein Hund hat es vor Liebesqualen nimmer ausgehalten und in seiner Verzweiflung den ganzen Sitz aufgefressen.

Dem Badener Porsche-Rennfahrer Ing. Josef Barbach – der sich rührend um die 911er-Oldies kümmert – genügen die edlen Rassen in der Werkstatt. Denn als Hundefreund nimmt er nur Mischlinge, zugelaufen oder aus dem Tierschutzhaus.
Sein aktueller Liebling heißt *Strolchi.* Weil er – von wem er das wohl hat? – täglich die umliegenden Mädchenschulen besucht und oft halbe Schulklassen in der Schnellbahn begleitet.
„Wir wurden schon von so vielen Orten und Haltestellen angerufen: Ihr Hund ist bei uns – bitte abholen." Aber den jungen Damen scheint die Begleitung durchaus recht.

Überall zu Hause: Grimaldi mit Tierarzt-Kindern.

Künstler-Hunde

Elfriede Ott: gleichen Hund zweimal geschenkt

Als Dagmar Koller ihren 60. Geburtstag feierte, war ich sicher: Ihre Hundedame *Lady* – ein schottischer Schäfer-Collie-Mischling – gratuliert aus dem Hundehimmel. Das war schon eine ganz besondere Freundschaft.

Lady, nicht der erste vierbeinige Freund des Bühnenstars. „Als ganz kleines Mädel hatte ich in Nötsch im Gailtal zwei Setter, die mich ansprangen, als ich gerade heiße Knochen trug, die mir meine Mama gegeben hatte – der Tierarzt musste kommen."

Aber dann kam *Lady,* ein englischer Besatzungshund in Kärnten.

„Meine Mama arbeitete damals als Dolmetsch bei einem Major der Royal Air Force – und dort war auch ein Soldat mit Hund. Mich haben die Soldaten gekannt – ich hab damals schon getanzt. Eines Tages geht der eine Soldat zurück nach England, worauf der Major meine Mama und mich fragt: ‚Wollts ihr den Hund?' "

Natürlich wollen Dagi und ihre Mama: „Ich hasste die Schule und Aufgabenmachen – ich spielte nur noch mit dem Hund. *Lady* bellte in so wunderbarer Sprachmelodie. Eigentlich meine erste Gesangsstunde. Und *Lady* ist auch ‚schuld' daran, dass ich heute so gut Englisch kann ..."

Denn Dagmar gab ihrem Hund alle Befehle in englischer Sprache – wie es *Lady* gewohnt war: Sit down! Don't eat that! Get the ball!

Als Dagmars Bruder Siegmar – heute Bauunternehmer in Dallas, Texas – zum Vater an den Semmering übersiedelte, bekam Dagmar den Hund ganz für sich allein.
„Wir machten alles zusammen: *Lady* ging mit mir zur Schule, Eis laufen, schwimmen, war total auf mich fixiert. Wir steckten auch immer zusammen."
Bis Dagi 13 war und als hoffnungsvolle, aufgeregte Ballettschülerin nach Wien übersiedelte – ins Gewerkschaftsheim Simmering. „War das ein Abschied auf dem Bahnhof Klagenfurt! Wir heulten alle Rotz und Wasser ..."
Besonders *Lady,* der die Trennung extrem schwer fiel. Noch wochenlang lief sie jeden Tag Punkt 11.40 Uhr zum Bahnhof Klagenfurt, voll Hoffnung, dass

„Hallo, wie geht's?" Elfriede Ott und Dagmar Koller im TV mit Chihuahua Bubi, der einen Kriminellen stellte.

Hoppla, Zwillinge? Publikumsliebling Elfriede Ott bekam zweimal den gleichen Hund. Die Nummer 1 war Tiny.

Dagmar einmal zurückkommt – zweieinhalb Monate lang!

Dann wurde sie, verzweifelt am Bahnhof wartend, von einem Personenzug überfahren. „Die Mama hat mich in Wien angerufen – es war schrecklich."

Für *Lady* konnte es keine wirkliche Nachfolgerin ge-

Staunen über den Nachfolgehund: gleicher Charakter, gleiches Aussehen. Auch Fritz Muliar war überrascht.

ben, allenfalls viel später – auf Kanada-Tournee – einen zugelaufenen Hund in Montreal.
„So ein hochgestellter, dünner Setter, hellbraun und ohne Haare, schon halb verhungert. Der bekam, weil ich ja schlank bleiben wollte, täglich mein Mittagessen – und fraß sogar den Salat."
Nach Tourneeschluss ließ Dagmar ihren neu gewonnenen Freund bei Verwandten in Kanada zurück.

Komplizierter war das Verhältnis von Dagis Ehemann Professor Helmut Zilk zu seinem Hund.

Lange, bevor Zilk TV-Star, Fernsehdirektor, Bürgermeister, Ombudsmann der „Krone“ und „Lebenskünstler“ wurde – nämlich schon als Bub.
„Eines Tages brachte ich mit meinem Vater einen kleinen Dackel nach Hause. Die Mutter reagierte streng: ‚Der muss wieder raus.‘ Aber weil der Dackel so lieb geschaut hat, durften wir ihn dann doch behalten.“
Und dann passierte etwas, das man nie für möglich gehalten hätte: Helmut Zilk – als 14-Jähriger – wurde eifersüchtig auf seinen Dackel!
Er schrieb seinen Eltern damals einen trotzigen Abschiedsbrief: „Ich geh jetzt weg von zu Hause. Ihr liebt ja den Dackel so viel mehr als mich, dass ihr nicht einmal merken werdet, wenn ich von zu Hause ausziehe …“
Der Bub Helmut Zilk, mühsam überredet, blieb. Und seither mögen ihn wieder alle, Dagi besonders.

„Früher“, erzählt mir Caterina Valente, „hab ich immer meine Kinder in den Schlaf gesungen. Heute meinen Dackel *Blacky* …“
Das Glück, dass einem der gleiche – oder selbe? – Hund ein zweites Mal geschenkt wird, hatte bisher noch keiner. Außer dem Publikumsliebling für alle Zeiten, Elfriede Ott.
Wenn man zuhört, wie sie die Story von *Maly* und *Tiny* erzählt, glaubt man wirklich an Seelenwanderung oder Reinkarnation.
Es beginnt damit, dass der liebe gute Waclav (= Wenzel), jetzt in Texas wohnhaft, für einen Tag nach Wien kommt und dabei natürlich seinen alten Freund Ernst Waldbrunn besucht. Seinen Mischling *Tiny* hat Waclav mit dabei.

Vor vielen Jahren erregte Weltstar Curd Jürgens noch großes Aufsehen, als er ohne Krawatte nicht ins „Sacher“ durfte – heute darf Waclav mit Hund. So ändern sich die Zeiten.
Elfriede Ott jedenfalls sieht Tiny und verliebt sich in den Mischling auf den ersten Blick. „Kann ich den haben?“ Waclav bedauert: „Das ist mein Hund, warum soll ich den hergeben?“ Und fährt mit Tiny im Taxi zum Flugplatz – eine traurige Elfriede zurücklassend. Als Waclav schon in der Luft ist, eine überraschende Nachricht für die Schauspielerin: „Fahr sofort zum Flugplatz, ich hab dir etwas dagelassen.“ Die Ott saust los – und was ist wirklich am Schalter deponiert? Ein Hundekorb mit dem Mischling *Tiny!*
13 Jahre lang sind Elfriede Ott und *Tiny* ein Herz und eine Seele. Der Hund ist immer bei ihr, darf überallhin mit: ins Theater, zu den Proben, zu den Vorstellungen – unzertrennlich.
Und der gute Waclav, allein zurück in Texas? Macht eine verblüffende Entdeckung: Beim Spaziergang findet er unter einer Brücke einen Hund, der *Tinys* Zwilling sein könnte. Schaut genauso, bewegt sich genauso …
Natürlich telefoniert Waclav die aufregenden News sofort nach Wien: „Falls mit deinem Hund irgendwann einmal etwas passiert – ich hab schon einen Neuen für dich!“
Als *Tiny* mit 13 in den Hundehimmel kommt, wird *Maly,* wie geplant, die direkte Nachfolgerin in Wien. „Für mich wie Reinkarnation“, sagt Elfriede Ott dankbar, „man hat mir meinen toten Hund zum zweiten Mal gebracht!“
Aber nicht etwa, weil sich die Ott aus übergroßer Treue etwas einbildet. Denn alle Freunde, Nachbarn,

Besucher sind total verblüfft: „Wieso ist der Hund wieder da?“
Gleicher Blick, gleicher Gang, gleicher Charakter. Ja sogar die gleichen Plätze, auf denen er markiert. Die Ott kommt aus dem freudigen Staunen nicht heraus: „Ich hab den gleichen Hund ein zweites Mal gekriegt!“
Kann es sein, dass *Grimaldi,* dass überhaupt ein Hund schon einmal auf der Welt war?
Ein ganz normaler Wochentag auf dem Schwechater Flughafen. *Grimaldi* brav an der Leine, beschnuppert oder verbellt niemanden. Aber plötzlich ergreift ihn unerklärliche Panik: Ein völlig harmloser Passagier geht an ihm vorbei. Kein aufdringliches Rasierwasser, kein Narbengesicht, kein düsterer Blick – nichts. Aber *Grimaldi* fängt an zu zittern, zerrt an der Leine zum Ausgang, gibt keine Ruhe, bis wir draußen sind. Erst dann beruhigt er sich.
War es ein „Martador“, ein Hundefänger aus Spanien, aus einem früheren Leben? Oder wer sonst?
Katja Heim, jahrelang Bernie Ecclestones Deutschland-Lady in der Formel I, hatte mit ihrem beigen Rauhaardackel *Fünferl* ein ähnliches Erlebnis. Danny Sullivan kommt in München zu Besuch, Sieger der 500 Meilen von Indianapolis, kultiviert, elegant, höflich.
Nur *Fünferl* hasst den Amerikaner sofort. Hass auf den ersten Blick. Kläfft und zwickt, gibt keine Ruhe, bis Katja vorschlagen muss: „Tut mir Leid, Danny, aber ich fürchte, du musst allein ins Restaurant essen gehen.“
Und warum *Fünferl?* „Als eine Hälfte von zehn Mark. Ich wollte immer einen zweiten Hund – aber der ist nie gekommen …“

Zur Ott-Idylle gehört aber auch der Chihuahua *Bubi,* und der ist ein ganz anderes Kaliber: Hat sogar am Kohlmarkt in der Wiener Innenstadt einen flüchtigen Kriminellen gestellt!
Dieser, ein Farbiger, schleicht bemüht unauffällig, aber mit schlechtem Gewissen über den Kohlmarkt – da öffnet sich ein Haustor und *Bubi* saust wie ein geölter Blitz mit lautem Kläffen auf den Kerl zu.
Der geht schneller, aber der Hund holt ihn ein. Er versucht zu rennen, aber da hat ihn *Bubi* schon am Hosenbein.
Den Rest erledigt die Polizei. Und hat wirklich jemanden geschnappt, der auf der Fahndungsliste stand.
Bubi hatte vor nichts und niemandem Angst, legt sich mit jedem Hund an – und manchmal auch mit Kriminellen.
Die Kabarettistin Lore Krainer hat auch einen Chihuahua, aber der ist wesentlich harmloser und darf darum sogar regelmäßig in den Seniorenclub zum Fernsehen.
Herbert Prikopa oder der originelle Pichowetz aus dem „Kaisermühlen-Blues" – alles große Hundefreunde.

Im Süden von Wien wohnt Superstar Rainhard Fendrich mit seiner happy family. Zu ihr gehören auch zwei Hunde.
Aber „I am from Austria" bellt keiner der beiden: *Merlin* stammt aus Spanien, *Mimi* aus Florida.
Zwei Rassen, zwei verschiedene Storys. *Merlin* ist ein reinrassiger englischer Setter, den Rainhard in einem spanischen Tierheim gefunden hat. Sensibel und poetisch, wie Fendrich nun einmal ist, gab er

ihm den Namen des Zauberers. Wie alt *Merlin* ist, weiß keiner – geschätzt wird er auf zwölf.
Mimi wird drei. Ein weißer, besonderer Zwergpudel aus einer besonderen Zucht. „Den gibt's nur in Florida." Und den haben sich Rainhard und seine Andrea gegenseitig zu Weihnachten geschenkt.
Die beiden Hunde verstehen einander blendend, sind immer beisammen, brav und diszipliniert, außer die Haustür bleibt einmal offen. Dann kann es schon passieren, dass *Merlin* abpascht – aber die Fendrichs haben ihn noch immer zurückgezaubert.

Schmuseweich: US-Star Daryl Hannah.

Dynastien-Hunde

„Arnold Schwarzenegger“ im Hause Benetton

Die Benetton-Großfamilie hält zusammen wie Pech und Schwefel. Familienoberhaupt ist Luciano – der ein bisschen wie Beethoven aussieht. Mit seinen Brüdern und seiner Schwester hat er seinerzeit das Textil-Imperium gegründet. Giuliana strickte die ersten Benetton-Pullover noch selber.
Luciano hat drei Söhne: Mauro, Alessandro, der mit dem italienischen Skistar Deborah Compangnoni liiert ist, und Rocco, alle zwischen 29 und 37.
Rocco und seine Brüder, wie im Film mit Alain Delon: eine eigene Story.
„Wir wohnen immer noch alle zu Hause. Am schönsten und besten ist es doch bei Mamma. Und unsere Freundinnen dürfen wir sowieso nach Hause mitnehmen. Irgendwelche nette junge Damen treffen wir dann immer beim Frühstück ...“
Voraussetzung: dass die jungen Signorinas Hunde mögen, wenn sie in die Benetton-Villa in Ponzano Veneto bei Treviso kommen.
Gilt auch für das US-Fotomodell Judy, als Herzdame für Rocco derzeit in Poleposition.
„We love dogs“, verrät Rocco und erzählt: vom Deutschen Schäferhund *Alato* (heißt „mit Flügel“), vom schwarzen Labrador *Jaco,* dem Rottweiler *Arnold.*
Interessant ist jeder der drei. „Zuerst hatten wir einen Greyhound, den nannten wir *Schwarz.* Leider erkrankte er: Elefantenhaut. Er bekam keine Luft, die Haut starb ab. Schade um ihn – er wurde nur zweieinhalb Jahre alt.“

Auf *Schwarz* folgte *Arnold.* „Weil Schwarzenegger gerade berühmt wurde und wir alle in der Familie ihn mögen, borgten wir uns seinen Vornamen für unseren Rottweiler aus."
Also zuerst *Schwarz,* dann *Arnold.* „Und unser nächster Hund wird *Egger* heißen", weiß Rocco Benetton schon jetzt. Dann ist der „Terminator" dreifach komplett.
Arnold kommt natürlich nicht aus Graz, auch nicht aus Hollywood, „den kaufte ich in England: der Sohn zweier schöner deutscher Champions". In seine neue Heimat Italien reiste *Arnold* standesgemäß wie der

Sportlerdynastie in den Dolomiten: Langlauf-Superstar Manuela di Centa mit Trainingsgefährtem.

echte Schwarzenegger: „Bitte borg mir deinen Canadair-Privatjet“, ersuchte Rocco seinen Vater Luciano – und der stimmte wirklich zu. Benvenuti, *Arnold!*

Benetton-Hunde, wohin man nur blickt. Onkel Carlo hat einen kleinen schwarzen Cockerspaniel mit großen Ohren, *Friskie,* und einen Berner Sennenhund, *Paco.*

Mit sozialen Unterschieden: „*Friskie* darf immer ins Haus, *Paco* nicht.“

Und dann ist da noch die traurige Story von *Jaco,* dem Labrador, „den sich mein kleiner Neffe Sebastiano so sehnlich gewünscht hat. Vor zwei Jahren: mein Weihnachtsgeschenk für ihn. Aber Sebastiano lebt in Apulien – nicht so ideal für einen Labrador. Darum nahmen wir ihn später wieder zurück“, nach Ponzano Veneto, in die Familienvilla.

„Ich leb ja zu 95 Prozent in London, nur zu 5 Prozent in Italien“, rechnet Rocco, der jüngste Teamchef der Formel I. „Und das Appartement ist nichts für einen Hund. Viel schöner für ihn, mit der Familie aufzuwachsen – in Italien.“

Und dann, mitten in Benettons Formel-I-Krise, der Schock: *Jaco* ist entlaufen. Der Installateur, der ein kaputtes Wasserrohr reparieren sollte, hat in der Familienvilla bei Treviso die Haustür offen gelassen …

Rocco ist tagelang verzweifelt. Er sucht seinen zweijährigen Labrador überall, bittet und appelliert im Lokalradio und in den Lokalzeitungen. „Ich versprich großzügigen Finderlohn, wenn mir jemand wieder zu meinem Hund verhelfen kann – und ich schwöre bittere Rache an jedem, der meinem Hund etwas antut!“

Wochenlang geht Rocco jeder, auch der kleinsten

Spur nach – alles ergebnislos. „Das Letzte, das ich von meinem Hund hörte: Er wurde einen Kilometer entfernt von einem Wegelagerer gesichtet ...“

Dass Bubi Bradl 1938 in Planica als erster Skispringer der Welt die Schallmauer der hundert Meter niederriss, weiß jeder Sportfan.
Dass Dr. Walter Dellekarth als Zweiter gleich danach 102 Meter sprang, weiß heute keiner mehr. Auch nicht, dass Dellekarth als Veterinärstudent am Semmering dem englischen Thronfolger Herzog von Windsor, der wegen der bürgerlichen Amerikanerin Wally Simpson auf den Thron verzichtete, das Skifahren beibrachte. An die berühmte Windsor-Hochzeit erinnerte man sich zuletzt wieder bei Edward und Sophie. An die Möpse von Edward VIII. und Wally Simpson schon weniger ...
In dieser Ära spielte sich auch der berühmte Dialog zwischen dem englischen König und dem österreichischen Wunderteamverteidiger Karl Sesta ab.
Als seine Majestät vor dem historischen Ländermatch England – Österreich (4:3) die Spieler begrüßte, fragte er den urwüchsigen Sesta:
„Welchen Beruf haben Sie eigentlich?“
„Fußballer“, erwiderte Sesta stolz.
„Oh, was für ein schöner Beruf“, lächelte Majestät geschmeidig.
Darauf Sesta: „Aber Sie haben a ka schlechte Hack’n, Herr König – Sie haben auch keinen schlechten Job.“
Die Dellekarths: eine Dynastie mit immer sehr vielen Hunden. Bei den Bobfahrern Dieter, Walter und Werner und bei ihrem Cousin Walter, heute Sportredakteur der „Presse“.

Vater Dellekarth, der Skispringer und Tierarzt, erzählt heute noch die tollsten Hundegeschichten. Nicht von Edwards und Wallys Möpsen, aber von seinem liebestollen Basset, der oft bis zu 25 km von Seefeld wegrannte, wenn irgendwo eine Hündin läufig war.
Von der Jugendsiegerin *Jutta,* die irgendwann in eine der Dolinen gestürzt und wochenlang vermisst war – bis sie, abgeschunden und sehr hungrig, plötzlich wieder vor der Tür stand: schlanker als je zuvor. Des Rätsels Lösung: *Jutta* war in einem Loch stecken geblieben, aber nicht in Panik geraten. Sie wartete einfach geduldig, bis sie notgedrungen Gewicht abgehungert hatte, und plötzlich konnte sie sich, schlank und rank geworden, selber aus ihrem Gefängnis befreien. Wie Werner Grissmann, als er bei seiner Rauchfangkehrer-Prüfung im Kamin stecken blieb.
Oder *Tommy,* der Scotchterrier, der aussah wie die Fleisch gewordene „Black and White"-Whiskyreklame. Sein Verhängnis wurde eine Gams. Als er ihr, von plötzlichem Jagdtrieb gepackt, nachrannte, stürzte er über einen Felsen ab.
Exotischer war der Lhasa Apso, ein tibetanischer Löwenhund namens *Nina von Bodanath,* genannt *Nini.* Nach Seefeld kam er noch im Kofferraum, verstört und verschreckt, aber in der Bergluft blühte er auf. Ein Charakterhund, den man decken lassen musste. Das geschah ganz romantisch, zwar nicht bei Kerzenlicht im Schlafzimmer, aber während eines Feuerwerks in Seefeld. Was sicherlich mit der dortigen Sprungschanze zu tun hatte.
Die sechs Welpen erhielten alle passende Namen: *Speedy* für den Schnellsten, *Duffy* für den Unbehol-

fensten bei den Zitzen, *Zenzi* für den Ländlichsten und *Vinzenz* für den Fettesten – nach dem massigen Gewichtheber Hörtnagl.
Dick, aber selbständig: Er fuhr ganz allein mit der Standseilbahn, und oft kam von der Rosshütte ein Anruf: „Machts euch keine Sorgen um den *Vinzenz* – der ist bei uns."
Die Dellekarths: ein weit ausschweifender Clan.

Der heute weit verstreute Clan der Totschnigs ist stammbaummäßig bis 1785 zurückverfolgbar: auf einen Bauernhof in Lienz.
Walter Totschnig, im Sauber-Formel-I-Team für die perfekte Organisation zuständig, hat Ahnenforschung betrieben: „Der Radrennfahrer Georg Totschnig aus dem Zillertal, die Skirennläuferin Brigitte Totschnig aus Radstadt – wir sind alle miteinander entfernt verwandt."
Walters treuer Begleiter war 17 Jahre lang sein Volpino *Snoopy*. „Da ist der Spitz drin, der Chihuahua – aber in Norditalien gilt der Hund als reinrassig. Intelligent, nur 30 cm hoch, aber zäh und unheimlich ausdauernd. Der hat mit mir alle Bergtouren gemacht, ist mit mir auf jeden Gipfel hinauf. Wahrscheinlich ist er deswegen so alt geworden."

Die unglaublichste österreichische Sportlerdynastie aber sind die Prokops. Gunnar führte die Handballdamen von Hypo-Südstadt – das weibliche Gegenstück zum deutschen Abonnement-Champion Gummersbach – neunmal ins Europacupfinale, siebenmal zum Triumph.
Ehefrau Liese: Olympiazweite 1968 im Fünfkampf, Europameisterin und zweimal Weltrekord 1969 –

Snoopy – ein Volpino als Gipfelstürmer in den Alpen.

später ging sie in die Politik. Ihre Schwester Maria Sykora: EM-Dritte 1969 über 400 Meter, Halleneuropameisterin 1970 über 800 Meter.
Cousin Thomas Sykora: der große Gegner von Alberto Tomba, einer der tollsten Slalomakrobaten unserer Zeit – mit starkem Comeback-Willen nach fünf Knieoperationen.
Was für eine Palette von Spitzensportlern: Handball, Leichtathletik, Skisport. Und was für eine Sammlung von Hunden: Schäfer, Dackel, Pudel.
Als Kind hatte Gunnar Prokop eine Dogge. „Aber die musste im Krieg leider einrücken, wurde aus St. Pöl-

ten abgeholt wie so viele Hunde und Pferde: als Minenhund abgerichtet. Zurückgekommen ist kein Tier mehr …"
Gunnar tröstete sich mit Schäferhund *Tiras:* „Ein echter Athlet, als Wettkampfhund dressiert, hat -zig Medaillen gewonnen." Dann kam der Dackel *Nicki.* Parallel hatte die Familie Sykora in Tulln – also Liese, Maria und der Vater von Thomas – ihre Hundefreuden: Schäfer *Luxi,* Dackel *Waldi,* Schäfer *Ajax,* Schäferhündin *Leika* und deren Sohn *Ajax* – diese Hunde hat auch Thomas Sykora gut gekannt: vierbeinige Slalomtalente am Hochkar.
Danach, in der Südstadt, werden die Namen lustiger. Prokop-Tochter Karin wünscht sich einen Hamster, bekommt stattdessen die Zwergpudeldame *Idefix* – also eine Verwandte von Asterix und Obelix. *Idefix* ist beim Training in der Südstadt immer dabei – bis ihr Maria Sykora beim Aufwärmen irrtümlich auf die Pfoten steigt.
Kein Unglück, aber *Idefix* ist stockbeleidigt – und haut ab.
„Auf der Triester Straße wird sie noch gesehen, aber dann ist sie spurlos verschwunden." Die Prokop-Familie ist schockiert und ratlos. Gunnar startet Aufrufe in Zeitungen und im Radio.
Und wirklich: Jemand hat *Idefix* gefunden und bei der Gendarmerie in Vösendorf abgegeben. Ein Anruf, stürmische Begrüßung und die Welt ist wieder heil.
Idefix hat Kinder aus einer stürmischen Liaison mit dem Nachbarpudel: *Herkules* und *Xanthippe* heißen die Nachkommen.
„*Herkules* ist der perfekte Trainingshund. Rennt immer mit Maria, volles Programm. Intervalltraining, Sprints."

Und wenn Maria Sykora um die Bahn kreist, läuft *Herkules* genau zehn Meter vor ihr: perfekter Schrittmacher, gleichmäßiges Tempo – hoppelt beständige Rundenzeiten von 65,0.
Herkules wird 18 Jahre alt: eine der längsten Leichtathletikkarrieren. Und ohne jedes Doping. Sport hält jung und gesund, offenbar auch Hunde. Auch *Xanthippe,* eine Schwester von *Herkules,* wird 18. Gewinnt zwar keine Goldmedaillen, rettet aber ein Kind:
Prokop hat seinen Swimmingpool nicht eingezäunt. Und sein Sohn Erik, damals zwei Jahre alt und unbeaufsichtigt, fällt ins Wasser und liegt zwei Meter tief auf dem Beckengrund.
Was aber nur die Zwergpudeldame merkt: Sie bellt so laut, eindringlich, unaufhörlich, bis endlich Hilfe kommt – und dank *Xanthippe* wird der Bub gerettet.
Als Gunnar Prokop abends heimkehrt, „schauen mich alle bleich und stumm an. Keiner sagt ein Wort. Tags darauf hab ich dann den Zaun aufgestellt ..."
Ein anderes Familiendrama: *Idefix* wird vergiftet. Und *Herkules* muss im Sommer 1992 eingeschläfert werden, genau während der Olympischen Spiele in Barcelona – kein Zufall bei einem so perfekten Trainingshund.
Die neue Hundegeneration im Hause Prokop-Sykora? Die Toy-Pudel-Dame *Idefix II.,* die Rehpinscherdame *Bambi,* die Gunnar in einer Tierhandlung in der SCS anspringt, als er gerade ein Weihnachtsgeschenk für Tochter Karin sucht.
Bambis Tochter heißt *Cindy* wie „Cinderella", ist aber kein Aschenbrödel. Dann kommt der dreifärbige Schäfermischling *Sissy,* und seit Sommer hat

Gunnar den Border-Collie *Ciara,* eine Schwester von *Flynn* – von Thomas Sykoras Vater am Hochkar.
Gunnar Prokop – was für ein Gegensatz: der „Peitschenknaller" und brutal harte Trainer seiner Handballerinnen – aber der zärtlichste Hundevater, den es gibt.
„Die liebt er heiß und verwöhnt sie immer. Egal, was sie anstellen, wie schlimm sie auch sind – er schafft es nicht, sie anzuschreien oder zu bestrafen", lächelt Maria Sykora, seine Schwägerin.
Zu wem ist der Macho-Trainer härter: zu den Handballerinnen oder zu seinen Hunden?
„Ganz sicher zu den Handballerinnen! Denn seine Hunde hat er nie dressiert ...!"
Der jetzige Hund von Thomas Sykora im Trainingslager am Hochkar ist *Flynn.* So genannt wegen seiner Barthaare, die an den Hollywood-Jahrhundertstar Erroll Flynn erinnern.
Der Border-Collie *Kevin* dagegen blieb bei Sykoras erster Frau Uschi: als Scheidungswaise. Die gibt's auch bei Hunden.

Eine große französische Skidynastie sind die Duvillards: Adrien, sein jüngerer Bruder Henri, dann Adrien II., Kristina ...
Adrien, am Lauberhorn schwer gestürzt, hat inzwischen den Rennsport aufgegeben. Er hatte Tiroler Wurzeln: Seine österreichische Mutter Ilse Föger, Tochter eines früheren Tennisgranden, stammt aus Kufstein.
Dort stieß „Dudu" schon als Kind auf eine Tiroler Rennfahrer-Dynastie: die Wendlingers. Karl I., Karl II. und Karl III. – alles Autorennfahrer.
Ehe Karl Wendlinger Formel-I-Pilot wurde, war „Du-

du“ einer seiner besten Freunde: Man spielte zusammen Tennis, fuhr gegeneinander Gokart, trieb viel Sport – aber selten gemeinsam mit den Hunden.
„Den *Nero,* unseren Schäferhund, hat mein Training nicht interessiert – und mir war fad, mit ihm spazieren zu gehen“, erinnert sich Wendlinger.
Heute hat der Duvillard-Familienclan in Megeve ein riesiges Sportgeschäft und, gleich neben der Skipiste, ein urgemütliches Landhotel, „aber anders als in Österreich. Bei euch sind vorn die Gäste und hinten die Tiere, bei uns ist es umgekehrt: Tiere vorn, Gäste hinten.“ Das Business blüht trotzdem.

Die malerische italienische Stadt Siena – bei Florenz – ist nicht nur durch den rosafarbenen Siena-Marmor und das Reiterfestspiel „Paleo“ bekannt, sondern auch durch *famiglia Nannini.*
Was für ein Clan! Opa und Vater Italiens berühmteste Zuckerbäcker, Sohn Alessandro Formel-I-Pilot, sogar zweifacher Grand-Prix-Sieger, hat jetzt eine „Café Nannini“-Kaffeehauskette in der ganzen Welt aufgebaut, auch in Wien – und seine singende Schwester Gianna dröhnt von allen Charts „mit einer Stimme wie ein Formel-I-Auspuffrohr“.
Hunde vervollständigen das bunte Bild: Sandro – der kürzlich mit 40 Vater geworden ist – hat seinen Westhighländer *Johnny* (jetzt 5), seine Mutter Berta einen Boxer (4). Und Gianna? „Die hat ihre Freundin Roberta ...“

Gerettete Hunde

Dokupils Diego: auf der Autobahn ausgesetzt

Ein toller Geburtstag für Fußballfans: Österreichs Rekordmeister Rapid wurde 1999 genau hundert Jahre alt. Ein Jubiläum, das auch Hunde schweifwedelnd begrüßen.
Denn Rapid ist nicht nur für Hunderttausende Fußballfans Weltanschauung, sondern auch für unsere Freunde mit den vier Pfoten.
Wenn die Rapid-Sekretärin Gaby Fröschl von ihrem Bildschirm aufschaut, fällt ihr Blick auf ein Gemälde, das der Künstler Konkolic für Rapid gemalt hat: ein Mannschaftsfoto mit allen Hunden, die prominenten Rapid-Anhängern gehören. Dazu der passende Text: „Die Hundstruppe!"
Vielleicht nicht immer nach Punkten, aber nach Hunden haben die Rapidler Sturm Graz bereits überholt.
Und das fängt beim langjährigen Trainer – jetzt Sportdirektor – an. Ernst Dokupil gilt zu Recht als „harter Hund", der auch Stars nicht schont. Als ihm von einem Intriganten zugetragen wird: „Der Peter Stöger hat in der Kabine gesagt, du bist ein Ahnungsloser", schmeißt Dokupil den Publikumsliebling sofort aus der Mannschaft.
Aber wenn's um seine Hunde geht, hat der stahlharte Dokupil als echter Wiener ein „patzwaches Herz".
Dokupil ist es gewohnt, Fußballer zu kaufen oder zu verkaufen. Aber so ein Transfer wie mit *Diego* war ihm nie zuvor passiert.
Diego! Da schwärmt jeder Fan sofort von Maradona,

Rapidler mit Herz: Ernst Dokupil mit dem Schäfer Cleo und Diego – wie der berühmte Fußballstar Maradona.

jahrelang der berühmteste, teuerste, beste Fußballer der Welt. Aber es war nicht Maradona, sondern ein Labradormischling, den sein damaliger Besitzer an der Südautobahn an eine Leitplanke angebunden hatte.
Viel herzloser geht's nimmer.
Von dort kam der Hund ins Tierheim Baden, weiters zu einem jungen Ehepaar – das sich aber nach 14 Tagen wieder von ihm trennte.
Ernst Dokupil, auch ein großer Tennisnarr, hörte den Dialog zufällig am Tennisplatz: „Den Hund müssen wir also wieder zurückgeben." Ins Tierheim, nicht auf die Autobahn.
Die fremde Ehe konnte Dokupil nicht retten, aber dafür den Labrador. „Ich nehme ihn zu mir. Schauen wir einmal, wie er zu meinem Hund passt." Der Schäferhündin *Cleo* (wie Cleopatra), schönste Frau der Welt, gespielt im Film von Liz Taylor. Und auch ein Hundestar.
Diego nicht? „Der hat schon auf *Diego* gehört, bevor ich ihn genommen hab", schmunzelt Dokupil, „hat also mit Maradona nichts zu tun."
Eine Fußballerkarriere mit den unglaublichsten Höhen und erschütterndsten Tiefen. „Hand Gottes", Millionentransfers, Kokain, Sperren, Begnadigungen, Comebacks. Ich sah ihn zuletzt 1998 im Stadion von Buenos Aires – in seiner eigenen Ehrenloge.
Bei jedem Tor der Boca Juniors riss er sich, freudetrunken und immer trunkener, das Hemd über den Kopf, warf es in die Menge und ließ sich feiern.
Der zweibeinige Maradona hat immer sehr gelitten, wenn er wegen irgendwelcher Sperren nicht kicken durfte.
Leidet auch der vierbeinige *Diego?*

„Ich hab meine Schäferhündin so trainiert und erzogen, dass alle Tennisbälle immer ihr gehören. Und weil die *Cleo* schon früher da war als der *Diego,* hat er das zur Kenntnis nehmen müssen."
Die Aufstellungssorgen eines Fußballtrainers mit Herz, denn die vielen Rapid-Hunde bellen schon längst im Chor: „Hier regiert der SCR!"

Der Schlachtruf galt früher auch für Michi Wagner, den heutigen Austrianer.
Hundeliebe ist ansteckend, auch in einer Fußballmannschaft; bei Rapid mehr als bei Austria. „Ich möcht auch so einen Hund", beschloss Oliver Freund spontan, „kannst du mir helfen?"
Und schon fuhr Wagner mit Freund ins Waldviertel, „zu einer kleinen, liebevollen Zucht", und kam mit Schäferhündin *Aika* zurück.
Dann der Hattrick: Charly Braun holte sich aus Linz einen Golden Retriever – den er jetzt nach Karlsruhe mitnahm.
Oliver Freund hat seinen Schäfer immer noch, aber Andy Heraf seinen Hund als „Scheidungswaise" verloren. Und als Gerd Wimmer seinen Dobermann einschläfern lassen musste, war er so fertig, dass er einen Tag gar nicht zum Training kam. Dokupil hat's verstanden.
Rapid-Zeugwart Johnny Ramhapp pflegt nicht nur den „heiligen Rasen", sondern auch seinen Husky *Anka.* Und Rapid-Sekretärin Gaby Fröschl ihren Yorkshireterrier *Felix,* mit dem sie sogar die Mahlzeiten teilt: „Aber nur Rindslungenbraten. Seither mag er Dosenhundefutter nimmer. Und mein Mann, der isst halt irgendwas …"
Den jährlichen Ferienort bestimmt der Hund: „Im-

mer Jesolo. Dort liebt *Felix* den Geruch der vielen Hundedamen. Der einzige Ort, wo er an der Leine zieht und immer vor uns geht – auf Aufriss ..."

Wenn die Austria-Fußballer ihre Ausdauerläufe in der Prater-Hauptallee machen – zehn Kilometer in 45 Minuten –, dann rennt fast immer ein Legionär ohne Dress mit: *Wanda von Boradal,* genannt *Kim.* Kein sündteurer Einkauf, sondern quasi schon als Jugendspieler erworben: aus einer Zucht in Freiburg.

Wanda, genannt *Kim,* ist die Schäferhündin des Austria-Stars Michael Wagner, der früher, außer bei Rapid, auch in Deutschland gekickt hat.

„Ich bin ein Hundenarr. Und froh, dass mein Hund beim Training mit mir rennen darf – ohne Leine. Schön, wenn man einen Hund hat, den man abrichten kann."

Was bei *Kims* Vorgänger, dem Husky-Malamut-Mischling *Akiro,* nicht der Fall war: Einmal nicht gefolgt, und schon lag er unter einem fremden Auto.

„Für meine Frau Daniela und mich ein einschneidendes Erlebnis. Nächstes Mal, beschlossen wir, nehmen wir uns einen Hund, den man abrichten kann."

So kommt *Kim* mit drei Monaten zu Michi Wagner und später mit ihm von Freiburg nach Brunn am Gebirge bei Wien – wo er genug Auslauf hat.

„Ich verbring viel Zeit mit *Kim.*" Für Michi Wagner ein doppeltes Vergnügen: Ball *und* Hund. „*Kim* kann sehr gut dribbeln, ist überhaupt ganz ballverliebt. Weniger in die großen Fußbälle – mehr in die kleinen Tennisbälle. Wird verrückt, wenn sie nur einen Ball sieht, ist total drauf fixiert." Ein echter Dribblanski halt.

„Heute bei der Austria", vergleicht Wagner, „haben

wir leider weniger Hunde.“ Christian Mayrleb hat seinen Golden Retriever bei der Tante untergebracht, aber Michael Streiter hat noch seinen Brooksbi.
Wagner: „Aber meine Frau ist da noch viel extremer. Sie würde am liebsten jeden Hund auf der Straße auflesen und adoptieren. Dann hätten wir bald eine Tierpension.“
Aber das hat mit dem berühmten Bosman-Urteil – Fußballer können ablösefrei ihren Verein wechseln, sobald ihr Vertrag aus ist – nichts zu tun.

Die Vienna hatte nicht nur den hundenärrischen Verteidiger Rudi Röckl, der seinen Setter fast täglich zum Training mitbrachte: „Heute rennt der *Jimmy* für mich.“ Sondern auch einen speziellen Assistenten fürs Tormanntraining: den Schäferhund des Platzmeisters.
Ex-Rapidler Alfred Körner, der Tormanntrainer 1964/65, knallt die Bälle ins Tor. Der Mann zwischen den Pfosten musste sich pausenlos schmeißen, fangen, fausten, abwehren. Die wegspringenden Bälle brachte der Schäfer im perfekten Schnauzen-Dribbling zum Sechzehner zurück – direkt vor die Beine von Körner II.
„Nicht einmal, sondern hundertmal. Kein Ball ging verloren. Aber die Story vom Hund als Ballschani hat mir keiner geglaubt. Bis ich das Fernsehen und die Fotografen einlud, einmal auf die Hohe Warte zu kommen – dann war alles bewiesen.“
Peter Artner, 55facher Teamfußballer, fightet und zerreißt sich auf dem Spielfeld wie der kampfhungrige Rasta-Holländer Edgar Davids – den alle den Pit Bull nennen. Aber das ist nicht alles.

Zehn Jahre zurück, Ferien auf Gran Canaria. Romantische Bucht, guter Wein, ein kleiner Wohnwagen – und viele kleine Hunde, Spitz-Mischlinge, die da frei herumrennen.
Unter ihnen so ein ganz kleines Wollknäuel. Das soll ertränkt werden.
Artner hört nicht zweimal hin. Er adoptiert den kleinen Welpen sofort – für die Ferien. Aber dann?
Impfungen sind nicht möglich – das Wollknäuel ist noch keine drei Monate alt.
„Aber dalassen können wir den Kleinen auch nicht."
Kurz entschlossen packt Artner den Welpen in seine Lederjacke, schmuggelt ihn so am Flughafen durch Pass, Zollkontrolle und Förderband.
Im Flieger ein Schlafmittel von einem Tierarzt, bei der Passkontrolle in Wien wieder die Lederjacke drüber – und *Nino* (spanisch: „Das Kind") hat seine neue Heimat.
Die „gelbe Karte" bekommt Artner erst Jahre später: als seine Frau auszieht und *Nino* mitnimmt. „Was mir sehr Leid tut – aber ich hab dem Hund das Leben gerettet. Wenigstens das nimmt mir keiner weg."

Wo ist der Ball? Alle Hunde lieben Fußball und Schnee.

Fußballer-Hunde

Wie Beckenbauer Iwan vor dem Ertrinken rettet

Dem liebenswürdigen Urbayern Robert Schwan – jahrelang Manager von Bayern München, vor allem Franz Beckenbauers – verdanken wir den pfiffigen Spruch: „Es gibt nur zwei intelligente Menschen auf der Welt: Schwan am Vormittag und Schwan am Nachmittag."

Oder noch einen dritten: Schwan jenseits von 60.

Denn in diesem Alter entdeckte der Münchner das extreme Bergsteigen, erklomm die höchsten Gipfel. Nicht „Ein Bayer auf Rügen", sondern ein Bayer in der Eiger-Nord, dem „höchsten Grabstein der Erde". Zweimal hat Schwan, in der Wand steckend, aufgeben müssen. Worauf ihm Beckenbauer zum 75. Geburtstag einen Hubschrauberflug in die Eiger-Nord schenkte.

„Damit du auch sagen kannst, du bist drin gewesen. Aber nur unter einer Bedingung: Dass du es nie, nie wieder selber riskierst!"

Ich durfte damals mitfliegen. Im knatternden Helikopter, zitternd in der Thermik, tausende Meter überm Abgrund, die Wand entlang – ein unvergessliches Erlebnis.

Hunde hätten auch keine Höhenangst. Beckenbauers Schäferhunde schon gar nicht.

Franz Beckenbauer – wer hat mehr Fußballgeschichte geschrieben als er? Weltmeister 1974 als Spieler, Weltmeister 1990 als Teamchef, heute DFB-Vize, Bayern-München-Präsident, TV-Starkommentator beim TV-Sender Premiere.

Und, immer und überall: „Kaiser Franz".
Seit wann eigentlich? Als Beckenbauer in der Wiener „Straße der Sieger" seine Hand- und Fußabdrücke verewigt, verrät er mir bei unserer Talkshow: „Diesen Ehrentitel hab ich gar nicht aus Bayern – den haben mir die Wiener verliehen."
Weil er schon als junger, begnadeter Fußballer im Wiener Happel-Stadion durch seine eleganten, fast adeligen Bewegungen auffiel, stand tags darauf in der Zeitung: „Beckenbauer, der neue Kaiser Franz!"
Natürlich gibt es einen Ort, an dem auch „Kaiser Franz" zu Fuß geht: den Golfplatz von Kitzbühel, Beckenbauers Heimat.
Mit ihm unterwegs: sein Schäferhund *Iwan*.
Warum *Iwan?* Beckenbauer hatte immer große Wertschätzung für den russischen Wundertormann Jaschin, wegen seiner langen Fangarme genannt „die Spinne" – aber der hieß Lew.
Und *Iwan* ist natürlich nicht der Caddy, obwohl Hunde und Golfplatz keine üble Kombination sind.
Der ehemalige Formel-I-Weltmeister James Hunt – Niki Laudas großer Gegner 1976 – hatte seinen Schäfer *Oscar* immer mit dabei. Der verstand vom Golf so viel, dass er jedes Mal, wenn James zum Schlag ausholte, die Luft anhielt.
Oscar wagte nicht zu atmen. Nur damit sein Herrl ja nicht in der Konzentration gestört wird.
In einem US-Golfmagazin erschien ein tolles Foto: eine Riesenpyramide Golfbälle, die größte, die es je gab – bewacht von einem Hund, nur halb so groß.
Während Beckenbauer also in Kitzbühel abschlägt und puttet, geht sein *Iwan* auf harmlose Abenteuer, über einen zugefrorenen Weiher – und bricht plötzlich ein.

Beckenbauer hat sofort Angst und Panik, sein Hund könne erfrieren oder ertrinken. Rennt zum Weiher, reißt sich die Kleider vom Leib, springt ins eiskalte Wasser – und holt den zitternden *Iwan* heraus.
Ein blitzschneller Anruf am Handy, dann kommt Ehefrau Sybille mit dem Jeep und trockenen Kleidern angebraust. Und einem Knochen für den großen Schreck. „Kaiser“ mit Schnupfen, Hund gerettet.

Charles Aznavour singt, unterschnitten mit tollen Spielszenen, wie Youri Djorkaeff, Ball am Fuß, durch gegnerische Abwehrreihen tänzelt. Gemeinsamer Background: Armenien.
Seit 1998 ist Youri – mit Frankreichs multikultureller Equipe – Fußballweltmeister. „Seither redet man über Armenien nicht nur mit Tränen in den Augen, sondern auch mit einem Lächeln.“
Auch seine Hand- und Fußabdrücke sind in der „Straße der Sieger“ im Wiener Generali Center verewigt. Als ich Djorkaeff darum bat, sagte er sofort zu – ohne Gage! Und ausnahmsweise ohne Begleitung: Normal ist sein Labrador *Okumene* immer dabei, beschattet sein kickendes Herrl – Star von Inter Mailand, jetzt Kaiserslautern – bei fast jedem Training oder Match als perfekter Manndecker.
„Gassi gehen“ in San Siro – und jetzt in der Pfalz.

Beim VFB Stuttgart – wo Franz Wohlfahrt im Tor steht – redet man heute noch von Buffi Ettmayer. Von seinen Volltreffern, die ihm überall gelangen, nur ausgerechnet im Nationalteam nicht.
Und von seinem Heißhunger: „Aber was kann ich denn dafür, wenn ich den Eiskasten aufmach und mir jedes Mal die Wurstsemmeln entgegenrollen?“

Für ihn oder für *Amor?* So hieß „Buffis“ Boxer. „Nach dem war der Buffi immer ganz wild, ganz verrückt – und gehalten hat er ihn wie sein Kind“, erinnert sich Hansi Müller, sein langjähriger Nebenspieler.
Der „schöne Hansi“, überall ein Weltstar, nur beim FC Tirol von Weltmeistertrainer Ernst Happel ungeliebt, hatte als Jugendlicher in den 80er Jahren den Zwergterrier *Jiji.*
„Wenn ich ihn badete, hatte er einen Kopf so klein wie ein Ei. Später haben Freunde die *Jiji* übernommen. Ich war ja kaum mehr zu Hause, dauernd fort – nichts für einen sensiblen Hund.“
Buffi Ettmayer hat heute in Stuttgart eine Trafik, unterrichtet Jugendfußball, genau wie er früher seinen Boxer trainierte.
Amor konnte alles: Dribbelte mit jedem Ball durch den Garten, rollte Steinkugeln, bis die Nase blutete, fing vom Esszimmer zugeworfene Wurst auf zehn Meter.
Er vertrug sich sogar mit der Ettmayer-Katze, die Buffi von einem grausamen Schicksal bewahrt hatte: in einem Plastiksack an einen Baum gebunden, aber von Ettmayer gerettet.
„Leg dich hin“: *Amor* gehorchte spontan. „Sprich“: Er fing an zu bellen. „Gib Pfote“: immer die rechte. Er war für jeden Blödsinn zu haben, „hat mehr gelebt wie ein Mensch als wie ein Tier. Für uns ein Traumhund! Der hätte sich nicht verdient, auf einem Container zu enden.“
Als *Amor* elfjährig eingeschläfert werden musste, gab der Bürgermeister dem Fußballer die Erlaubnis: Bestattung im eigenen Garten. „Aber unsere Katze ist drei Tage lang auf dem Erdhügel gesessen und hat um ihren Freund geweint.“

Heute wird es immer moderner, dass prominente Fußballer auch Hundeliebhaber sind. Michael Tarnat bei Bayern München oder, noch prominenter, David Beckham vom Champions-League-Sieger Manchester United. Englands Fußballliebling hat für seine Frau Victoria, seinen Sohn Brooklyn und seine beiden Hunde ein riesiges Schloss gekauft.
Für seine beiden Rottweiler *Puffy* und *Snoop* – die haben auf dem Märchenschloss von Bettisfield jetzt genügend Auslauf.

Hans Krankl, unser „Goleador“ und 3:2-Held von Cordoba, wurde bei seinem Fußballer-Wanderleben zwischen Rapid und Barcelona, zuletzt nach Salzburg, nie von einem Hund begleitet.
Im Strafraum immer bissig, aggressiv, von keinem Verteidiger an der Leine zu halten – „aber vor Hunden hab ich mich immer ein bissl gefürchtet“. Genau wie Toni Polster. „Kein Zufall: Wir haben auch fast gleich viele Tore geschossen.“
Der Liebling im Krankl-Haushalt ist ein Meerschweinchen, gehört der 17-jährigen Tochter Maria und heißt „Schnitzel“.
Typisch für Krankl: Urwiener und Weltbürger gleichzeitig.

Adelige Hunde

Zerbissene Damenschuhe, schlechte Zigarren

Der spanische König Juan Carlos I. war schon immer ein leidenschaftlicher Sportsmann: Motorrad fahren, vor allem segeln, im Auto zuletzt beim Grand Prix in Barcelona sogar fünf schneidige Runden mit dem McLaren-Doppelsitzer unterwegs. Man kennt aber auch die offiziellen Hundefotos vom spanischen Hoffotografen.

König Carl Gustav von Schweden hat seine schwarzen Labradors, die er früher für die Jagd benützt hat.

Trotzdem vermute ich, wenn's erlaubt ist: Keine Hoheit hat mit Hunden so viel erlebt wie unser adeliger Freund Frederik af Petersens, ein junger Graf und Lebenskünstler aus Schweden, der heute in Koblenz lebt – wenn er nicht gerade mit dem Formel-I-Zirkus unterwegs ist.

Sein Hund Nummer 1, der Springer-Spaniel *Sage,* benannt nach dem damaligen Renault-Rennleiter Jean Sage, läuft einmal unbeaufsichtigt auf die Straße und stirbt, von keinem einzigen Auto berührt, an Herzinfarkt – traurig genug.

Hund Nummer 2, gleiche Rasse, heißt *Angus.* Und ist so naturliebend, dass es ihm überhaupt nicht gefällt, als sein Herrl vom Land in die Stadt zieht. Freddy schenkt ihn einem Jäger, und für *Angus* tut sich ein Hundeparadies auf – wenigstens verständnisvoll.

Als Freddie vom Formel-I-Grand-Prix aus Kyalami (Südafrika) zurückkommt, muss er am Telefon erfah-

ren: „Deine Frau hat aus Rache deinen Hund hergeschenkt.“ Freddie reagiert fassungslos. „Dass meine Frau weggerannt ist, war mir ziemlich Wurscht“, sagt er heute, „aber dass plötzlich mein Hund weg war, hab ich ihr nie verziehen ...“
Es bedarf wochenlanger cleverer Detektivarbeit, um den weggegebenen Hund auszuforschen.
Freddie verfolgt alle Spuren, dann findet er endlich seinen vierbeinigen Freund irgendwo bei Helsingborg auf dem Land: bei einem einsamen, alten Rentner.
Was tun? Ein altes schwedisches Gesetz besagt: Wenn der neue Besitzer den Hund im guten Glauben gekauft oder übernommen hat, darf er ihn behalten. Kann jedem passieren.
Denn wie Rechtsanwälte oft sagen: Gericht hat mit Gerechtigkeit nichts zu tun.
Aber der Anwalt rät Freddie: „Fahr mit deinem Auto zum Rentnerhaus, lass die Autotür offen, ruf und pfeif. Wenn der Hund zu dir kommt, nimm ihn mit, dann muss dich der andere verklagen.“
Aber Freddie tut der alte Mann Leid. „Weil ich sehen kann, wie gut er den Hund behandelt. Ich lass ihn dort, hab mich nie von ihm verabschiedet – aber es schmerzt immer noch – mehr als meine Scheidung.“
Hund Nummer 3 wird der absolte Hammer: *Compis* (Kumpel), ein Golden Retriever. Zu dieser Zeit besitzt unser Freddie gerade eine Discothek in Helsingborg. Wenn er um drei, vier Uhr früh zusperrt, kann's schon passieren, dass manche junge Dame noch auf einen Kaffee oder Whisky mit nach Hause kommt.
„Aber das hat meinem Hund überhaupt nicht gefallen! Jedes Mal, wenn ein Mädel bei mir übernachtet,

ist am Morgen der linke Schuh zerbissen – und ich muss gleich nach dem Frühstück neue Schuhe kaufen.“
Ob Slipper, Stöckelschuhe oder Stiefeletten – völlig egal. *Compis* macht sie alle kaputt. Und immer nur die linken.
Nach der siebenten oder achten Dame rechnet Freddie: „Das kommt mir auf die Dauer zu teuer.“ Und: „Ich versteh die Message. Mein Hund genehmigt zwar Damenbesuche – aber übernachten dürfen sie bei mir nicht!“
Dafür schleicht sich *Compis* bald ins Schlafzimmer, ans Fußende, grapscht sich einen oder zwei Polsterzipfel – und der gehört ab sofort ihm.
Heute ist *Compis,* der Kumpel, längst im Hundehimmel. Und irgendwann kam bei Freddie eine Frau ins Haus, die Frau Gräfin wurde, aber zwei übermächtige Rivalen hatte: einen Springer-Spaniel und die Formel I.
Heute lebt Freddie mit *Tiger,* einem Mischling in dritter Generation. „Niemand weiß, wo er wirklich herkommt: groß wie ein Schäfer, bräunlich, Hängeohren. Ich hab ihn im Tierheim gefunden.“
Und wieso *Tiger?* „Wegen seiner bernsteinfarbenen Augen, die sich je nach seiner Laune verändern: dunkelgelb, wenn er schlecht aufgelegt ist, aber hellgelb, wenn er sich freut.“
Frederik af Petersens ist Zigarrenraucher. Wegen einer Kiste echter Havannas fliegt er schon mal nach Kuba, und *Tiger* weiß das.
„Er akzeptiert nur guten Tabak, schaut mich, wenn ich einmal schlechtes Zeug rauche, mit Verachtung an und trottet voll Abscheu aus dem Zimmer.“
Ein nobler Herr, dieser *Tiger* – und in seinem frühe-

ren Hundeleben sicher auch zumindest Graf gewesen. Oder vielleicht gar Herr Davidoff persönlich?

Abenteuer mit allen Hunden: Graf Freddie aus Schweden.

Fliegende Hunde

Niki Lauda: Was dürfen Hunde im Flieger?

Kann es passieren, dass im Flugzeug Ihr Sitznachbar plötzlich bellt? Natürlich, denn Hunde sind – unter bestimmten Umständen – auch im Flieger zugelassen.

Das steht im „Basic Operations Manual", der Bibel alle Flugkapitäne. Grundsätzlich sind Hunde bis zu 7 kg in der Passagierkabine erlaubt. Aber seit 1. Mai 1999 gilt sogar der Zusatz, „dass der Captain vom Gesetz her noch anders vorgehen kann".

Im Sinn der Hunde nämlich. Die werden die Gesetzesänderung schwanzwedelnd begrüßen.

Darüber müssen wir natürlich mit Niki Lauda reden: Tierfreund, selber oft genug Hundebesitzer, Airliner – seine drei Weltmeistertitel und 25 Grand-Prix-Siege wollen wir für den Moment weglassen. Denn dazu waren viel Härte und Egoismus nötig, weniger ein Herz für Tiere.

Als Niki Lauda noch in Salzburg lebte, wurde einer seiner Hunde – harmlos mit Kindern spielend – von einem Nachbarn und Jäger praktisch vor der Haustür erschossen.

„Ich hab ihn eh gesehen", verteidigte sich der Mann nachher.

Niki war fassungslos: „Wenn dein Hund nächstes Mal vor mein Auto springt, werde ich auch nimmer bremsen", drohte er – hat sich aber nie revanchiert.

Die Lauda-Buben Lukas und Matthias leben mit ihrer Mutter Marlene längst in Barcelona, das Haus in Hof bei Salzburg wurde an einen Deutschen ver-

kauft. Nicht an Willi Weber, den Schumi-Manager, sondern an einen deutschen Landsmann.
Zurück bleiben viele Erinnerungen, auch an die Hunde. Lauda-Conclusio: „Auf Hunde musst du aufpassen wie auf kleine Kinder – und auf Frauen auch.“
Als ein Charterflug der Lauda Air von Salzburg-Maxglan weggeht, hört Lauda seinen Flugkapitän ganz beiläufig murmeln: „Heute haben wir einen Hund mit.“
„Wo fliegt der?“, fragt Niki sofort.
„Der wird unten eingeladen“ – also im Frachtraum. Eigentlich völlig unnötig, ärgert sich Lauda, weil der Flieger ausnahmsweise eh nicht ganz voll ist. Was für ein armer Hund. Und dann sieht Niki im Flughafengebäude zufällig einen Mann mit Hund – ein schöner, braver, gefleckter Setter.
„Fliegen Sie mit – sind Sie das?“ – „Ja, Herr Lauda.“ – „Dann dürfen Sie Ihren Hund in die Kabine mitnehmen.“
Überraschend kommt kein Freudenausbruch. „So ein Mist – jetzt hab ich meinem Hund schon ein Schlafmittel gegeben, damit er sich im Frachtraum nicht aufregt.“
Der Setter, immer schläfriger, streckt bald alle viere von sich. Aber Lauda wäre nicht Lauda, hätte er nicht sofort eine logische Lösung gewusst: Er hebt den schlafenden Setter auf und trägt ihn eigenhändig die Gateway hinauf, in den Flieger.
Hunderte Lauda-Air-Passagiere applaudieren spontan.
Vielleicht denkt sich der heilige Franziskus, der Schutzpatron der Tiere, bald einen besonderen Orden für Lauda aus.
Dem Golden Retriever von Attila Dogudan, dem Chef

von „Do & Co“, dessen Mahlzeiten nicht nur Lauda-Air-Passagieren, sondern auch den VIP-Gästen in Bernie Ecclestones exklusivem „Paddock Club“ besonders schmecken, geht’s nicht immer so gut.
Weil das Herrl auf Ibiza eine kleine Finca hat, fliegt *Henry* oft die Strecke Barcelona–Wien. Und muss, zu Attilas und Laudas Entsetzen, wieder runter in die Verbannung: in den Frachtraum.
Worauf Niki den Kapitän anfunkt: „Der Flieger ist nicht voll – Sie können den Hund also ruhig oben lassen.“
Der Kapitän weigert sich: „Herr Lauda, Sie kennen unsere Bestimmungen. Was kann es dem Hund schon ausmachen, wenn er zwei Stunden unten im Frachtraum ist?“
„Ist das Ihr Ernst?“, fragt Lauda entsetzt.
„Ja.“
„Und haben Sie zufällig selber Hunde?“
„Ja.“
„Würden Sie Ihre Hunde selber in den Frachtraum stecken?“
„Meine Hunde fliegen nicht, Herr Lauda.“
„Und wenn sie zufällig einmal wirklich fliegen müssen?“
„Dann müssen sie natürlich nach unten.“
„Danke, Wiederschauen“, sagt Lauda und ruft nächsten Tag den nächsten Captain an. „Kein Problem“, sagt der. „Der Hund darf nach oben.“ Lauda atmet auf: „Wenn das so weitergegangen wäre, hätte ich den Hund selber geflogen ...“
Offenbar, überlegt Niki Lauda, ist es für manche Menschen schwierig, sich mit Hunden auseinanderzusetzen. Für ihn nicht: „Ich schau mir den Hund an. Ist er brav und ruhig – kein Problem.“

Denn Lauda weiß genau: „Dem Capt'n geht es dabei gar nicht um die Sicherheit. Aber was man damit einem Hund antun kann, wenn man ihn nach unten verbannt – das überlegt sich oft kein Mensch!"
Oder doch? Die Air France kündigt einen Piloten, weil er sich geweigert hat, einen Blindenhund in den Passagierraum zu lassen – der Blindenhund durfte nicht zu seinem blinden Menschen!
Ein Skandal, der nicht nur in Frankreich riesige Schlagzeilen machte.
Lauda hasst es, wenn sich Piloten „hinter dem Gesetz verstecken", anstatt „im Spirit of the rules" zu handeln. Ausgebildete Piloten, die die Verantwortung für 340 Passagiere, auch bei schlechtem Wetter, übernehmen müssen – „und dann verstecken sie sich wegen einem Hund hinter dem Gesetz".
Für Niki „eine Schizophrenie, die ich persönlich nie verstehen werde. Die Regel sagt: Wenn der Hund ruhig und freundlich ist – kein Problem. Ich bemühe mich, in jedem Fall, hundegerecht zu handeln. Und wir hatten auch noch nie irgendwelche Beschwerden anderer Passagiere."
Und wenn zwei Hunde gleichzeitig mitfliegen wollen, Niki?
„Dann muss ich mir als Kapitän die Hunde anschauen und entscheiden. Wenn er einmal bellt – na, wenn schon. Er bellt sicher nicht den ganzen Flug. Aber unten, im Frachtraum, heult er die ganze Zeit."

„1929: Erster Sieger Williams auf Bugatti" – steht in jedem Monaco-Grand-Prix-Programm. Requiem für den James Bond von Monte Carlo, seinerzeit.
Der Staubkappen-Rennfahrer, der 1929 in Monte Carlo mit seinem kleinen Bugatti den berühmten 7-

Liter-Silberpfeil des noch berühmteren Rudi Caracciola schlug, startete unter dem geheimnisvollen Pseudonym „Williams“. Richtig hieß er William Charles Frederick Grover und war einer der größten Abenteurer dieses Jahrhunderts.
Märchen, Mythen, Monte Carlo. Aber das Schicksal des ersten Monaco-Siegers kennt keiner: eine der irrsten Storys. Hier ist sie:
Geboren in Paris, die Mutter Französin, der Vater ein bekannter englischer Pferde- und Hundezüchter. Sein erster Beruf: Chauffeur des legendären Sir William Orpen – offizieller Kunstmaler des Ersten Weltkriegs und der Friedensverhandlungen in Versailles. Williams führte Sir Orpen und dessen Geliebte Yvonne im offenen Rolls-Royce spazieren.
Als sich die beiden zerstritten, heiratete der Chauffeur die Mistress. Dann kamen vier Jahre Autorennen, der Pokal in der Fürstenloge von Monte Carlo, 1933 der Rücktritt. William Grover wird – wie sein Vater – selbst Hundezüchter in La Baule in Frankreich (Irische und Schottische Terrier) und Prominenten-Fahrlehrer von Bugatti für reiche Kunden.
Als der Krieg ausbricht, meldet sich Grover zur British Army, lässt sich zum Geheimagenten ausbilden, springt 1942 mit dem Fallschirm über dem besetzten Frankreich ab. Gefährliche Mission: in Paris einen Sabotagering aufzuziehen.
Und der arbeitet sehr effektiv.
Aber im Juli 1943 fliegt die Gruppe auf: von der Gestapo verhaftet. Sogar von Verrat ist die Rede. Captain Grover leugnet, trotz schlimmster Folter, bis zuletzt. Er wird am 15. März 1945 im KZ Sachsenhausen hingerichtet – zwei Monate vor Kriegsende.

Yvonne, die Witwe, führt die Hundezucht in La Baule noch mehr als 30 Jahre weiter, immer Irische und Schottische Terrier. Sie wird immer einflussreicher: Jahrelang ist Yvonne Preisrichterin bei der berühmten Crufts Dog Show in England, der größten Hundeausstellung der Welt – wo es oft zugeht wie bei den Preisrichtern einer Eislaufkonkurrenz.
Wenn jemand die wahre Story des geheimnisumwitterten „Williams" wirklich gekannt hat – dann am ehesten die Hunde.
Denn heute sind fast alle Spuren verwischt. Yvonne starb 1977 – bis zuletzt fest davon überzeugt, dass ihr Superagent zurückkommt.
Seine Leiche haben die Alliierten nie gefunden, und auch sein Siegerwagen von 1929 ist spurlos verschwunden. Das offizielle „erste Siegerauto" im Monaco-Museum hat die falsche Farbe.
La Baule heute? Gehört einem früheren Friseur, der als erster Franzose mit einem Collie den ersten Preis bei der Hundeshow gewonnen hat.

„Tiere im Krieg": Eine erschütternde Dokumentation im TV-Sender „Arte" über den Zweiten Weltkrieg, „der mit Pferden und Lanzen beginnt und mit Atombomben endet".
40.000 tote Pferde und Hunde auf deutscher, 40.000 tote Pferde und Hunde auf russischer Seite. Gezeigt werden Möwen, denen zur Tarnung ein falsches Federkleid angezogen wird, und Delphine, auf U-Boote dressiert, Pferde, „die in letzter Pflichterfüllung durchs Feuer gehen".
Ein Dobermann, der als Meldehund in Verdun 17-mal durch die Feuerlinie rennt.
Dramatische, traurige, in dieser Ballung wahr-

scheinlich nie zuvor gezeigte Bilder. Wie das „Sanatorium für Kriegshunde“ im Zweiten Weltkrieg: tausende Hundehütten, streng geometrisch geordnet. Wirkt auf den ersten Blick wie ein Soldatenfriedhof, war aber gedacht als Luxus-Erholungsheim für Kriegshunde.

Wie schlimm: Hunde gesund pflegen, damit man sie wieder in den Krieg schicken kann. Aber was „Arte“ aus dieser perversen Logik positiv findet: „Es war der erste Versuch, echten Tierschutz zu praktizieren.“

Es gibt Aufnahmen von Hunden, die gemeinsam mit ihrem Herrl, dem Fallschirmjäger, ausgebildet werden, immer paarweise abzuspringen. Um sich daran zu gewöhnen: oft schon als Welpen, in den Taschen der Fallschirmjäger.

Und „Arte“ berichtet noch vieles mehr. Wie es den Russen vorbehalten blieb, ihre Hunde nach Vorbild der japanischen Torpedoflieger als „Kamikaze“ auszubilden: Russische Hunde fressen immer unter einem Panzer, ehe man sie tagelang hungern lässt. Und wenn dann die feindlichen Panzer kamen, wurden sie, hungrig und mit auf den Rücken geschnallten Minen, losgeschickt …

In der Wochenschau flimmerten Berichte, wie Hunde geehrt und hoch dekoriert zu ihren Familien zurückkehrten. Aber ob die alle echt waren?

Nach der Tragödie von Lassing 1998 verweigert ein betroffener Hund tagelang das Fressen. Er muss, völlig entkräftet, vom Tierarzt eingeschläfert werden.

Geniale Hunde

Warum Toni Innauers Niko den höchste IQ hat

Toni Innauer hat auf der „heiligen Sprungschanze“ der Norweger, dem berühmten Holmenkollen, schon als 15-jähriger Bub alle fasziniert.
Die Norweger verglichen ihn mit ihren Skigöttern, nannten ihn „Vogelmensch mit den langen Zotten“. „Früher“, grinst Toni heute, „hatten mein Hund und ich noch die gleiche zottelige Frisur. Heute nimmer ...“

Ein unglaubliches Duo: Toni Innauer und sein Niko. Die beiden gingen sogar gemeinsam auf die Uni.

Heute – längst Olympiasieger mit nie verblasstem Ruhm und nicht nur Chef einer neuen Generation von „Adlern“ oder „österreichischer Luftwaffe“, sondern auch Vater des österreichischen Langlaufwunders.
Als Kind, aufgewachsen im Bregenzer Wald, hatte der kleine Toni Angst vor Hunden. „Wie auch heute manche Kinder. Darf ich ihn streicheln? Oder beißt er? Im Ton von: Frisst er mich?“
Aber beim ersten eigenen Hund ist jede Furcht gleich weg. Innauers erster war der Belgische Schäferhund *Luca,* gezüchtet von unserem alten Freund Erwin Stricker in Perugia.
Stricker, ein Südtiroler, war jahrelang der verrückteste Tausendsasa im Skizirkus. Erfand die „Geierschnäbel“ gegen das Einfädeln im Slalom, die Knie-, Schienbein- und Ellbogenschützer, raste einmal mit Soldatenhelm über die Kitzbüheler Streif und überschlug sich den ganzen Zielhang hinunter: „17 Radler hab ich gezählt ...“
So viel schaffte nicht einmal sein Nachfolger als Sturzpilot, Pietro Vitalini, genannt „Alitalia“.
Aber die noch tollere Story ist *Niko,* Innauers Hund von nicht ganz geklärter Herkunft, jetzt 16 Jahre alt. Mitgebracht von Tonis damaliger Freundin und jetziger Frau Marlene, einer tollen Langläuferin.
Der kleine *Niko:* „Anfangs hat er ausgeschaut wie eine Reibbürste, mit einem Schweif wie der Christbaum zu Dreikönig. Aber binnen vier Monaten unglaublich gewachsen: so viele Haare, total wollig und überall, wo wir hinkommen, fragen alle: Welche Rasse?“
Ja, welche? „Wir wussten nur: die Mutter ein Schäfermischling, der Vater wahrscheinlich ein schwarzer Riesenschnauzer. Wir haben einmal ein Video ge-

sehen, wie der Riesenschnauzer über den Zaun springt – das könnte der Vater vom *Niko* sein."

Innauer als Sprungrichter der Hunde: Seinen scharfen Augen entgeht natürlich nichts.

Niko ist der einzige akademische Hund der Welt, zumindest von Graz und Umgebung. Der einzige, der in der steirischen Hauptstadt philosophische Vorlesungen besuchte.

Toni hatte damals den Kurs „Wissenschaft und Praxis" belegt, als einziger Student, „und damit uns nicht fad wird, hab ich den Hund täglich mitgenommen. Der Professor hatte nichts dagegen. *Niko* legte sich hin und hörte aufmerksam zu, ich hab gestrebert – so lernten wir zu dritt. *Niko* war sehr aufnahmefähig – und ist daher heute höchst gebildet."

Und immer Tagesgespräch mit allen seinen Eskapaden. „Mein Hund fährt allein Straßenbahn – aber wir wissen nicht, wie. Oft werden wir aus Waltersdorf angerufen, das sind zwanzig Minuten mit dem Auto: ‚Wir haben einen Hund gesehen, der schaut aus wie der *Niko*.'"

In den Garten gebracht, gewartet, bis man ihn wieder abholt.

„Der muss Straßenbahn gefahren sein", folgert Innauer jedes Mal, „weil zu Fuß geht das nicht – viel zu viele Ampeln."

Ein Mischling ist meist unverfroren, *Niko* besonders. „Der geht vorn bei einer Buschenschank rein, macht es sich bequem – bis man ihn hinten rausschmeißt. Dann kommt er vorn wieder."

Und es gibt auch gut betuchte Nachbarn in Graz, feine Leute mit einer reinrassigen Dobermannhündin. Einmal geht die Innauer-Schwiegermutter, eine edle Dame, am Nachbarhaus vorbei, erhascht zufällig ei-

nen Blick durch den Zaun und erstarrt: *Niko* begattet die Dobermannhündin.
„Die hat nix dagegen, aber als meine Schwiegermutter heimkommt, warnt sie uns leise: ‚Sagt's ja nicht, dass euer Hund …'"
„Und darum", schätzt Toni Innauer, „laufen heute in Graz viele kleine *Nikos* herum."
Fünfmal ist der Abenteuerlustige schon abgehaut. Wer immer ihn fand, wollte ihn nie wieder hergeben, „weil er so lieb ist".
1995 dachten alle schon ans Lebwohl – als würde *Niko* nie mehr wiederkommen. Bereits vier Tage abgängig, und alle fürchteten: Der ist unter ein Auto gekommen.

Heute richtet Niko die Schwiegermutter ab.

Bis der römische Tänzer Elio Gervasi – ein Schwager von Marlene Innauer – in Graz einkaufen geht und dabei zufällig eine Gruppe chilenischer Musiker entdeckt: Die machen ihr Straßenkonzert in Graz, der Hund sitzt daneben hinter einem Kappl voll Geld – und jeder Passant spendet ganz spontan.
Der Hund ist natürlich *Niko.* Seit vier Tagen unterwegs mit den Musikern, wie ein Groupie, fühlt sich total wohl bei ihnen, will auch gar nicht mehr weg.
Elio geht zum Fleischhauer und kauft ein paar Würste. Nur so kann er *Niko* von der „Musik aus Lateinamerika" weglocken.
„Aber *Niko* ist auch ein gottbegnadeter Raufer. Bis dreizehn hat er mit allen gerauft, auch mit Rottweilern. Ein echter Streetfighter, unten durch – und plötzlich wieder oben."
Jahrelang ärgert und provoziert *Niko* den Nachbarhund, einen Schäfer, der dauernd kläfft und bellt. Bis eines Tages zufällig die Gartentür offen steht. Wie ein geölter Blitz saust der Schäfer heraus. Sofort geht die Keilerei los, Fang an Fang. Da ein Kübel Wasser über die Köpfe, dort ein halber Besenstiel – nichts nützt.
Der Schäfer beißt *Niko* die vorderen Läufe auf – ohnehin drei Tage vorher unter Narkose genäht, weil ihn ein Skiläufer auf der Loipe verletzt hat.
In einer Woche zweimal betäubt, trotzdem jetzt schon 16 Jahre: *Niko, a tough survivor.*
Natürlich auch schussfest. Kann alles, geht sogar mit. Zwei Prüfungen, abgerichtet, immer aufs Wort gefolgt. „Nur apportieren will er nie – das ist ihm zu blöd ..."
Für Innauer „ein unheimlich gescheiter Hund, der sich alles richtet". Jetzt in Graz: Weil die Innauer-

Wohnung in Innsbruck zu klein ist, lebt *Niko* derzeit bei der Schwiegermutter in Graz. „Und eigentlich richtet er die Schwiegermutter ab: Wartet so lange draußen, wenn er Hunger hat, bis ihn die Schwiegermutter mit Essen ins Haus lockt."
Niko, der Wunderhund. Wird in der Geschichte außergewöhnlicher Hunde einmal genauso seinen Platz finden wie sein Herrl Toni Innauer mit seinem Weltrekordflug – 176 Meter in Oberstdorf. Bevor er auf die Uni ging.

Unser späterer Überflieger Andi Goldberger – jetzt am Mondsee zu Hause – hatte am Bauernhof zu Hause in Waldzell einen Jagdhund, sein Pony namens *Flori* hergegeben, „aber Katzen waren immer da, alle Rassen, so halb Angora, ein ständiges Kommen und Gehen wie auf der Sprungschanze".
Dazu kam ein Pferd für Andis Nichte Daniela namens *Svelto* im Reitstall in der Nähe von Ried, und auf dem Bauernhof seiner Eltern wiehern mittlerweile zehn Pferde.
Wie sie heißen? Andi Goldberger zählt ihre Namen grinsend auf: „*Funaki, Harada, Mika, Sylvain* usw." Alles Gegner im Winter. Aber im Sommer ist Goldberger selber mitgeritten, fünf Stunden lang. „Hat mir Spaß gemacht."

Sportler-Hunde

Steffi Graf: ein Labrador als Trainingspartner

Tennisstars analysieren nicht nur sehr aufmerksam die gegnerischen Schläge, sondern offenbar auch die gegnerischen Hunde:
Alexander Antonitsch, die „zweite Stimme“ bei ORF-Tennisübertragungen, hat beim deutschen Wimbledonsieger Michael Stich seinen Lieblingshund entdeckt. Stich war damals der große deutsche Rivale für Boris Becker. Auf dem Tennisplatz hätte zu Becker eher eine Bulldogge gepasst, aber zum großen Gegner? Stich hatte einen Skinhead bearded Collie. Antonitsch merkte sofort: „Der treueste Hund, den es gibt.“ Liebe auf den ersten Blick. „Ich will auch so einen.“ Und schon war Alex beim Züchter. „Mein Hund muss aber auch laufen können – ich brauch ihn fürs Training.“ Der Züchter nickte: „Der rennt mit ihnen bei jedem Wetter.“
Darum heißt der Antonitsch-Hund – jetzt vier Jahre alt – auch *Moses*. Nach dem kenianischen Wunderläufer Moses Kiptanui, der 1993 binnen weniger Tage fast alle Langstreckenrekorde zertrümmert hat.
Und Michael Stich hat sich inzwischen den zweiten Collie angeschafft: *Tessa*.
Ein totaler Hundenarr ist auch der Australier Gerry Mullen, jahrelang einer der besten Doppel-Spezialisten der Welt. Aus einer Zucht in Niederösterreich hatte er seinen Schäfer – und ihn sogar auf Deutsch abgerichtet: „Sitz“, „Platz“ etc.
Später wurde er von Mullen nach Südafrika verschifft. „Der schönste Schäfer, den ich je gekannt ha-

be“, schwärmt Antonitsch noch heute. „Aber auch ein Rassist. Er hasst die Schwarzen, geht jeden an. Na ja – ein echter Südafrikaner halt …“
Noch ein Hund aus der Tennisszene: Günther Bresnik erwarb einen tschechischen Gebirgsschweißhund. Als Hundebaby noch winzig, aber später, voll ausgewachsen, wenn er sich aufrichtete, viel größer als jeder Bernhardiner.
Antonitsch: „Wenn draußen dem Bresnik sein Hund wartete und wir noch im Auto saßen, hat sich keiner von uns rausgetraut. Erst bis Bresnik mit der Leine kam …“

Wolfgang Steinmayr war jahrelang der große Star unter Österreichs Radrennfahrern, besonders bei der Österreich-Rundfahrt – zwischen Giganten und Domestiken.
Den „Wasserträger“ hatte er schon als Kind: Schäferhund *Sunto*.
„Jeden Tag Punkt 12 Uhr, beim Glockenläuten, war der Hund nicht zu halten und ist von zu Hause losgerannt – den einen Kilometer bis zur Hauptschule Hall. Wenn ich rauskam, hat er schon gewartet. Und wehe, ich hab ihm nicht gleich meine Schultasche gegeben! Die nahm er zwischen die Zähne und hat mich nach Hause begleitet. Ein wunderbarer Schäfer – besser als jeder Polizeihund!“
Anderen bringt der Hund die Zeitung – dem Wolfi trägt der Hund die Schultasche.
Bis zur zweiten Klasse Hauptschule hatte Steinmayr seinen vierbeinigen Domestiken. „*Sunto* lief voraus mit der Schultasche – und alle in der Klasse haben mich glühend beneidet.“
Sunto 1 war Steinmayrs Lieblingshund. *Sunto 2* ge-

riet unter einen Zug. Und der dritte Schäfer, nach dem Tiger „Acbar“ genannt, schluckte Hühnerknochen und starb an Darmverschluss.
„Man kann gar nicht genug aufpassen“, weiß der Radrennfahrer und wurde prompt eine große Nummer im Versicherungsgeschäft.

„Wenn ich einmal aufhöre, wenn das ewige Reisen vorbei ist – dann schaff ich mir als Erstes einen Hund an!“, hat uns Supersprinterin Merlene Ottey einmal bei einem Wien-Besuch verraten. Wie die Sprinterperle aus der Karibik denken viele Superstars.
Aber auf die meisten müssen die Tierschutzheime noch lang warten: Sie laufen noch bis Sydney 2000.

Jesse Owens, der große Olympiastar von Berlin 1936, rannte mit 36 km/h gegen Rennpferde, Carl Lewis mit seinen „Mittelstreckenhunden, keinen Sprinter-Hunden, weil die mich besiegen könnten“.
Und Linford Christie, der 100-Meter-Olympiasieger von Barcelona 1992, verblüffte die ganze Welt mit seinem „Puma-Emblem“ auf den Augenlinsen.
Österreichische Läuferinnen verblüfften noch mehr: Theresia Kiesl mit ihrer Olympia-Bronzemedaille über 1500 Meter in Atlanta 1996 und Stephanie Graf mit ihrem 3. Platz über 800 Meter bei der Europameisterschaft 1998.
Rivalität? Keine Spur. Kiesl schenkte Graf sogar ihren Hund: den Labrador *EW Elton,* als Freund und Trainingspartner. Und derzeit noch, lächelt Steffi, „auch ein bisschen als Babyersatz“.
Der Labrador ist für sie „ein ganz schlimmer Teufel – aber ein toller Trainingskamerad. Macht mit mir Dauerläufe, Tempoläufe und wurde daher auch um-

getauft: von *Elton* auf *Nike.*“ Was tut man nicht alles für den Sponsor?
Ihren Dalmatiner hat Theresia Kiesl behalten. Und als die Superläuferin kürzlich bei einem Reitunfall vom Pferd stürzte und sich schwer verletzte, ließ der Dalmatiner niemanden in ihre Nähe. Erst als ihn die Kiesl-Tochter beruhigte.

„Zwischen der plumpen Bewegung unserer Gehwerkzeuge und dem schwerelosen Fliegen gibt es auf unserer Welt nur eine elegante Art der Fortbewegung“, hat Jean Cocteau einmal formuliert: „Das Gleiten auf dem Eis.“
Keiner war eleganter als Karli Schäfer und sein später Nachfolger, der mehrfache Welt- und Europameister Emmerich Danzer.
Da hat's ein Hund ziemlich schwer. „Meiner“, erzählt Danzer, „hat keinen Doppelaxel zusammengebracht ...“
Pepper sein Name. „Wie Salz und Pfeffer, wegen der Farbe.“ Ein Dackel-Terrier-Mischling, wurde 14 Jahre alt, hat den Eisstar von Amerika zurück nach Österreich begleitet.
„*Pepper* ist überhaupt viel mit mir geflogen. Meist sagten die Stewardessen: ‚Mein Gott, was für ein lieber Hund!‘ Worauf ich dem *Pepper* jedes Mal suggerierte: Frag die Dame nach ihrer Telefonnummer ...“
Regine Heitzer, die den Absprung von der Eislauf-Europameisterin zur gefragten Innenarchitektin schaffte, hatte dagegen immer Pudel. Ihr aktueller heißt *Schoko* – auch wegen der Farbe.
Hannes Spitzauer – unser erster Segelweltmeister seit 41 Jahren – hat zu Hause drei Katzen: *Benny, Rosi, Prinzessin.* Hunde? „Nur als Vorschoter ...“

Medien-Hunde

Starregisseur verkriecht sich in der Hundehütte

Gerd Bacher, jahrzehntelang der mächtigste Mann von „Bild-Telegraf“, „Express“ und vor allem des ORF, war immer ein Alpha-Tier. Seine Herde folgte ihm stets mit der unverbrüchlichen Treue von Schäferhunden, aber mit Respektabstand.
Oft durcheilte der Generalintendant, dynamisch, bullig, etwas untersetzt, die Gänge am Küniglberg – seine Gefolgsleute im Windschatten.
Als sein Osteuropa-Spezialkorrespondent Prof. Paul Lendvai mit Herzinfarkt aus dem Studio ins Krankenhaus muss: strengstes Besuchsverbot. Aber Gerd Bacher besucht den Freund schon am nächsten Tag: Auf strengen Wunsch der Klinik mit weißem Ärztemantel.
Prof. Lendvai öffnet ein halbes Auge, sieht „Doktor Bacher“ im Ärztemantel und fragt leise: „Hast du jetzt auch schon das AKH übernommen?“
Gerd Bacher, ein Salzburger, ist mit Hunden aufgewachsen: „Als Kind hatte ich zwei Chow-Chow, *Sagan* und *Jojo*. Später, als ich in Wien-Grinzing mein Haus baute, zwei Rauhaardackel: *Fanny* und *Joki*.“
Bei *Fanny* schwang vielleicht der Gedanke an die berühmte Tänzerin Fanny Elßler mit – bei *Joki* an einen seiner Starreporter, den späteren Lebenshilfe-Professor Joki Kirschner.
Fanny hat ein böses Schicksal: Tod durch Rattengift. Und *Joki* tut etwas, „was bei dieser Rasse ganz selten ist. Er beißt!“

Also reicht der GI seinen *Joki* an einen Förster weiter, „damit ihn der erzieht. Aber nach ein paar Monaten ruft mich der Förster an: ‚Herr Bacher, er beißt noch immer.‘“
Was aber bei einem Förster, erwidert Bacher, „nicht so viel ausmacht. Daran könnte man sich ja fast gewöhnen.“

Gerhard Weis, der jetzige ORF-Generalintendant, hat keine Hunde. „Aber viele Fische. Und am liebsten hab ich die Kaulquappen.“
Elmar Oberhauser hätte gern einen Appenzeller, aber da ist die Dame des Hauses dagegen: „Die Arbeit hätte ja doch nur ich ...“
Hans Mahr, als Info-Chef von RTL, ein Mann der harten News, hat für Tiere ein weiches Herz: „An meinem 45. Geburtstag erfahre ich von einem Freund: Ein Bauer in Niederösterreich will seine Katze ersäufen. Darauf haben wir gleich angerufen – und die Katze gerettet.“
Sie heißt *Oscar* und beherrscht heute den Mahr-Haushalt in Köln total.
Mahr: „Ich bin wahrscheinlich der Einzige, der eine eigene Bedienerin nur für die Katze angestellt hat. Aber weil ich viel weg bin, kann ich sie nicht allein lassen.“
Helmut Thoma, der Mahr seinerzeit zu RTL geholt hat, schwört dagegen auf die großen Tiere unter Wasser: Er ist leidenschaftlicher Tiefseetaucher, am liebsten auf Galapagos.

Ein Starreporter, der als „Adabei“ der „Krone“ täglich die heißesten Society-News verrät, braucht natürlich auch einen exklusiven Hund: Das ist die Sto-

ry von Michael Jeannée und seinem chinesischen Shar-Pei.
„Man sagt: die älteste Hunderasse der Welt. Vormals Kampfhund, später Tempelhund, jetzt der beste Familienhund, den man sich nur vorstellen kann: total kinderliebend."
Jeannée nennt in „Gröwaz": „Für mich der größte Wachhund aller Zeiten ..."
Sein Name: *General Poncho,* weil Jeannée lange in Argentinien gelebt hat. „Schon mein zweiter Shar-Pei. Der erste hieß noch, ganz chinesisch, *Mao,* wurde aber wegen Nierenversagens leider nur zehn Jahre alt. Der kleine General ist jetzt ein Jahr alt, kommt aus einer Zucht in Frankfurt, denn in Österreich werden Shar-Peis nicht gezüchtet. Nur in Frankfurt oder München."
Mao und *General Poncho* sind charakterlich sehr verschieden: „Mein erster Hund war total wasserscheu, der zweite schwimmt quer über den Wolfgangsee. Und lässt sich, für einen Shar-Pei ganz ungewöhnlich, sogar baden."

Als Marco Schenz, der heutige TV-Media-Chefredakteur, in Israel unzählige hungernde, arme Kreaturen sieht, „lauf ich sofort zum nächsten McDonald's und kauf Fleischlaberln für 100 Dollar".
Als er wieder abfliegt, folgen ihm die dankbaren Hunde in einer langen Karawane bis zum Flugplatz. „Dort tut es mir weh, wie die Menschen mit brennenden Zigaretten die Hunde zurücktreiben und verjagen." Schenz prügelt sich beinahe – für fremde Hunde.
Sein eigener ist ein Golden Retriever, knapp vier Jahre alt, mit Namen *Hetty.* „Haben mir Niki Lauda

und Attila Dogudan damals im Flieger mitgebracht – *Hetty* bekam sogar Cockpiterlaubnis."
Mitten in der Nacht ist sie angekommen. Ein Anruf beim schlafenden Marco – und der sauste sofort zum Flughafen, sein Hundebaby abholen.

Ein Star unter den Promi-Hunden: *Barolo* von „profil"-Chef Christian Seiler. Seinen Namen verdankt er dem Rotwein aus dem Piemont – Herrls Lieblingsgetränk.
Barolo ist ein Hovawart, Haus- und Hofhund aus einer deutschen Zucht, schaut dem Flat-Coated Retriever ein bisschen ähnlich. Und hat im „profil"-Haus nur Freunde, ausgenommen die *Maja,* ein Dogo Argentino von Thomas Vasek.
„Der einzige Hund, den der *Barolo* hasst, und zwar abgrundtief – offenbar auch wechselseitig. Wenn *Barolo* in der Früh schon oben in der Redaktion ist und *Maja* erst eintrifft (oder umgekehrt), greift der Concierge schon ganz automatisch zum roten Telefon, um zu warnen: „Achtung! Der andere ist schon da!"
Seiler und Vasek verstehen das nicht. „Denn mit *Rocco,* dem Rhodesian Ridgeback von Liselotte Palmer, vertragen sich alle zwei bestens." Aber im „profil"-Haus ist es schon immer lebhaft zugegangen. Woanders auch.

Josef Metzger, viel geachteter Sportchef der „Presse", begann seine Hundekarriere nicht mit großem Horizont, sondern im Kleinformat: mit dem Fox *Roxy.* Danach kam der Schäfermischling *Rexy* und – als Höhepunkt – der erste Belgische Schäferhund in Wien, *Dino.*
Dino war kein Ferrari-Modell, sondern ein auf der

Innsbrucker Hungerburg gezüchteter Lawinenhund. Der auf dem Umweg über ein Restaurant beim Heurigen Metzger-Prillinger in Wien-Döbling landete und fast 18 Jahre lang (!) dort sein Unwesen trieb.
„Statt nach Lawinenopfern suchte er bei uns halt nach Weinleichen …", lächelt Metzger.

Der Hund, dein bester Freund: Das hat Lucky Schmidtleitner, das spätere Regie-Genie im ORF-Sportfernsehen, schon früh erkannt. Und als zehnjähriger Lausbub am Semmering auch ausgenützt.
„Bei uns zu Hause war man sehr streng. Jedes Mal, wenn ich schlimm war, hat irgendeine Strafe gedroht – also bin ich immer zu meinem Schäferhund *Mira* in die Hundehütte gekrochen – dort hat sich kein Erwachsener hineingetraut …"
Bis der elterliche Zorn verraucht war, hat Lucky – wie ich ihn kenne – sicher schon die nächsten Streiche ausgeheckt.

ZiB-Moderator Klaus Edlinger beschließt, Silvester in Spanien zu feiern, und überlässt seine Hundedame *Daphne* der Obhut seiner Tochter Kristina.
Die nimmt den Golden Retriever auf eine Silversterparty auf eine Hütte bei Murau mit.
1800 Meter Seehöhe, sehr viel Schnee und sogar im Gebirge die übliche Silvesterknallerei – die schon Millionen Hunde so erschreckt hat.
Daphne besonders. Als ein Böller kracht, haut der verängstigte Hund einfach ab. Drei Tage lang von ihm keine Spur.
Erst dann entdeckt ein Bergwanderer mit Fernglas um 15.30 Uhr, sehr spät und schon bald finster, etwas Verblüffendes. Eine unglaubliche Silhouette: ein

Hund auf einem kleinen Gipfel der Frauenalpe – *Daphne* wie in einer Kulisse aus Richard Wagners „Walküre". Nur die dramatische Musik fehlt noch.
Und während der Bergwanderer denkt: „Ein Hund so hoch oben – da müsste doch auch ein Mensch dabei sein", bricht eine Lawine los: 300 Meter tief.
Durch ein Wunder wird der Hund nicht mitgerissen, sondern bleibt heraußen – und rettet sich auf einen schmalen Geländevorsprung. Aber von dort kann er weder vor noch zurück.
Der Bergwanderer alarmiert die Bergrettung in Aigen. Im Ennstal startet sofort ein Hubschrauber und holt *Daphne,* halb verhungert, durchnässt und frierend, aus der Schneehölle.
Die Zeitungsschlagzeilen tags darauf sind zwiespältig: So viel Aufwand für einen Hund. Oder: Passt schon, es hätte ja auch noch ein Skifahrer oben sein können.
„Mit *Daphne*", atmet Edlinger durch, „erleb ich dauernd Überraschungen. Ein Jahr später hat sie sich vom Nachbarhund, einem schwarzen Labrador, fünf Welpen anhängen lassen – alle kohlrabenschwarz, kein einziger heller Fleck!"
Aber wohin damit? Auf einen TV-Aufruf melden sich 70 Hundefreunde – alle fünf sind längst bestens aufgehoben.

Und wenn der TV-Star heute übers Wochenende verreist, übersiedelt *Daphne* kurzfristig auf den Bauernhof der Haushälterin. Dort zog sie drei kleine Kätzchen auf, mit so viel Mutterinstinkt, dass sich die Katzenmutter gar nicht mehr in die Nähe ihrer eigenen Jungen traut.
Erinnert mich an unsere Malamutin *Laika:* Sobald

Fast eine Wagner-Oper: TV-Sprecher Edlinger mit Daphne.

sie einen Kinderwagen erspäht, dreht sie vor lauter Muttergefühlen völlig durch.

Als der bekannte Gynäkologe und Ultraschall-Spezialist Dr. Laszlo Havor Vater wird, denkt er auch an seine Dobermannhündinnen: Er bringt ihnen täglich Windeln aus der Klinik mit, damit sich die Hunde an den menschlichen Welpengeruch gewöhnen können. Und was passiert? Die beiden „Dobis" rasten vor Freude völlig aus, wühlen stundenlang im Garten, bauen für das Baby eine richtige Höhle. Und als ihr neuer kleiner Freund dann wirklich nach Hause kommt, produzieren sie sogar Muttermilch ...
Dr. Havor muss seine beiden Hündinnen homöopathisch abstillen.

Schumi-Hunde

Beim Fressen gilt keine Ferrari-Stallorder

„Wäre ich ein Tier, ich wäre am liebsten ein Rottweiler geworden!“, verrät mir Bernie Ecclestone. Seine Weihnachtskarten haben immer Stil: Der große Formel-I-Boss als Santa Claus im rot-weißen Pelz in einem Schlitten – gezogen von sechs Wölfen.
Aber Wunschkennzeichen wie „W-ALDI 23“ sind längst nicht mehr die einzige Verbindung zwischen Auto und Hund.

Was ist mit den Formel-I-Hunden seit dem ersten „Grimaldi“-Buch passiert?
Ayrton Sennas *Kimba* ist an gebrochenem Herzen gestorben – bis zuletzt hatte sie auf eine Heimkehr ihres berühmten Herrn gehofft. Pedro Diniz' *Elvis Presley,* von einem Freund beaufsichtigt, wurde von einem Auto überfahren.

Jean Alesi hat neuerdings zwei riesige Doggen aus Bordeaux mit Namen *Bonnie and Clyde,* je 80 Kilo schwer! Weshalb sich in der Alesi-Villa in Avignon oft folgende Dialoge entspinnen:
Alesi zu seiner japanischen Frau Kumiko: „Willst du bitte im Garten nachschauen, ob gerade jemand gekommen is?“
Kumiko: „Nein, ich trau mich nicht – wegen der Hunde.“
Und einmal hat eine der beiden Doggen ganz kurz nach dem Herrl geschnappt, Alesi sich aber sehr rasch Autorität verschafft.

Und scherzhaft sagt er zum „Blick“-Chefreporter Roger Benoit: „Ich hab meine beiden Hunde umgetauft: Einer heißt jetzt *Roger,* der andere *Benoit* ... Wenn du mich einmal besuchst und vorher böse über mich geschrieben hast, lasse ich die Hunde los, aber nur, um dich zu erschrecken.“

David Coulthard hat sich im Sommer einen Malteser-Terrier zugelegt: „Meine Freundin Heidi wollte unbedingt einen Hund. Also haben wir uns alle Hundevideos angesehen, die wir nur auftreiben konnten – und der Malteser war uns am liebsten.“
Er heißt *Moody* (übersetzt: launisch) und hat es sogar an Rennwochenenden, wenn er mitgenommen wird, äußerst bequem: Weil Coulthard neben dem Formel-I-Fahrerlager oder hinter den Boxen immer sein eigenes Luxus-Wohnmobil geparkt hat.
Der neue Hundetrend in der Formel I: Gassi gehen zwischen McLaren und Ferrari.

Und was läuft im Schumacher-Rudel?
„Eigentlich alles ganz normal“, berichtet Corinna Schumacher. „Unsere Hunde sind jetzt schon ein bissl älter. Da passiert nicht mehr ganz so viel.“
Bis auf plötzlichen Schwesternstreit: „*Bonnie* und *Tracy* haben einander zweimal gebissen – gegenseitig. Da musste man halt die eine nähen, die andere hat jetzt einen Verband am Fuß ... passiert ja überall!“
Die Hunde sind jetzt vier, sechs und sieben Jahre. „In diesem Alter passiert nicht mehr so viel.“ Wirklich nicht?
Sportler ändern derzeit dauernd ihre Frisuren. Auf den Fußballplätzen rennen Wasserstoffblonde und rote „Pumuckl“ herum, Formel-I-Kid Jacques Ville-

neuve hat sich von blond über mokka, rot, grün bis lila in allen Haarfarben präsentiert. Und sogar die eher bodenständigen Skirennläufer machen alle Verrücktheiten heute mit.
Das ist aber kein Grund, warum Corinna Schumacher ihrem Brasilianer *Flo* – Adoptivhündin von Interlagos 1996 – das Fell ganz kurz schneidet. Sondern: „Weil er zu viele Haare verliert."
Als sie ihren Michael mit *Flo* an der Leine vom Genfer Flugplatz abholt, erschrickt der „große Schumi": „Guck mal, wie der aussieht."
„Mir gefällt's", lächelt Corinna, „er sieht halt wieder ein bisschen aus wie ein Welpe."
Sonst hat sich *Flo* nicht verändert. „Vielleicht ein bisschen grauer geworden um die Schnauze ... aber das werden wir ja alle ... sonst ist nix passiert."
Wie bei den Rennautos in Bernie Ecclestones Formel-I-Zirkus.
Umso disziplinierter wird im Schumi-Rudel gefressen: aber ohne Stallregie wie bei Ferrari.
Dreieinhalb Jahre lang gab es bei Ferrari extreme Stallorder: Eddie Irvine muss – falls nötig – Michael Schumacher vorbeilassen.
Theoretisch: Er darf ihn nicht besiegen.
Und das galt auch für die italienischen Zeitungen. Oder, wie sich „crazy Eddie" einmal sarkastisch beklagte: „Zuerst wird immer nur über Schumacher berichtet. Danach über seine Frau, dann über seine Kinder. Wenn immer noch Platz ist: über seine Hunde. Erst wenn die Seiten noch immer nicht voll sind, komm ich dran ... Und meist schreiben sie dann, Ferrari soll mich rausschmeißen."
Bei der Hundefütterung im Hause Schumacher gibt es keinerlei Rangordnung:

Michael Schumacher hat treue Begleiter – bei seinen vielen Siegen und bei seinem Comeback.

„Unsere Hunde fressen alle aus einem Topf. Sie stehen ordentlich an.“ Und wer bestimmt die Rangordnung, die Reihenfolge? „Keiner. Wer zuerst da ist, frisst zuerst. Wenn der Erste schon am Pott ist, wartet der Zweite geduldig dahinter. Dann der Dritte.“ Ohne Knurren, ohne Eifersucht.

Und wenn sie etwas nebenbei kriegen? „Dann sitzen sie alle ganz brav nebeneinander, in einer Reihe. Jeder bekommt sein Stück – und jeder wartet darauf. Da hat's noch nie etwas gegeben.“

Erziehung oder einfach Automatik? „Ich hatte von Anfang an einen Topf – immer hat jeder das Gleiche bekommen“, erinnert sich Corinna.

Die berühmte Disziplin bei Schumachers. „Mein Gott, hie und da läuft halt der Sabber runter, wenn der andere schon etwas frisst, aber damit muss er halt fertig werden ...“

Fünf Hunde, eine halbe Fußballmannschaft. Seit Oktober 1998 lebt auch Corinnas Mutter im Haus und hat natürlich *Mabel* mitgebracht: ihren englischen Cockerspaniel. „Aber der zieht sich meist ins Zimmer zurück und kommt nicht so oft raus.“

Total akzeptiert? „*Bonnie* hat sie zweimal gehabt, aber die ist halt schon sehr bestimmend. Wenn da irgendetwas schief läuft – du selber siehst das ja nicht so streng.“

Fünf Hundeladys. „Ein Rüde im Haus“, hat Corinna immer gesagt, „genügt mir.“ Jetzt ist zu Michael der kleine Mick dazugekommen.

An Mick muss sich das Schumi-Rudel erst noch gewöhnen. Dafür sind Gina-Maria und *Flo* schon längst ein Herz und eine Seele.

„Komm, *Flo!*“ Wenn der Hund nicht gleich gehorcht, geht die Kleine hin und zwickt ihn ins Hinterbein.

Michael Schumacher ist der größte Hundefan im ganzen Formel-I-Zirkus – aber nicht der einzige.

Worauf sich *Flo* dann umdreht, die Lefzen hochzieht und so tut, als würde er ganz zärtlich zubeißen – dann lacht das Mädel herzlich und auch *Flo* hat seinen Spaß.
Genau, wie wenn Gina-Maria den *Flo* von der Liege wegziehen will. „Als wollte der Hund protestieren: Nimm die kleine Göre weg“, erzählt Corinna.
Interessant, wie im Haus Schumacher die Hunde aufgeteilt sind. „Je nachdem, wo wir sind. Im Sommer sind die Großen draußen, die Kleinen drin. *Flo* liegt bei uns im Schlafzimmer auf seinem Platz, *Jenny* auch. *Bonnie* und *Tracy,* die beiden Schwestern, schlafen draußen – oder unten im Flur vor der Tür.“

Ob am Genfer See oder in Norwegen, ist echt egal. Schumacher liebt die Natur über alles – in seiner Blockhütte nahe Lillehammer bei Oslo haben er und seine Familie ihre heilige Ruhe. „Da kennt mich fast keiner.“
Dort genießt Schumacher das Skilaufen und, vor allem, die Hundeschlitten.
Und dort erholt er sich auch vom „teuersten Beinbruch der Sportgeschichte“, bereitete nach seinem bösen Crash von Silverstone sein Comeback vor.

Aber sein jüngerer Bruder Ralf hat ihn monatelang in den Herzen der deutschen Fans perfekt vertreten. Schumi II ist – lobt sein Boss Frank Williams – „zumindest genauso schnell und talentiert, wenn nicht noch talentierter und schneller als sein Bruder“.
Ralf ist auch der gleich große Hundefreund: Schumi II besitzt die Belgische Schäferhündin *Cora* und den Zwergschnauzer *Sandy,* beide derzeit bei der Oma in Kerpen bei Köln.
Aber jedes Mal ganz verrückt vor Freude, wenn Ralf auf Besuch kommt.

„Schumi“ wochenlang außer Gefecht, dass war bei Ferrari die große Chance für den Finnen Mika Salo. Der Schumacher-Platzhalter bei Ferrari, ein echt wilder Hund: Springt zur Hochzeit mit dem Fallschirm ab, fliegt Hubschrauber, fährt Jet-Ski, duelliert sich in den kanadischen oder skandinavischen Wäldern mit Jacques Villeneuve mit Snowmobils, bis der erste mit 180 km/h gegen einen Baum kracht, durchtaucht den Ärmelkanal mit einem echten U-Boot usw.
„Und fast immer“, erzählt Mika, „ist mein schwarzer

Roter Ferrari, schwarzer Labrador: Mika Salo.

Labrador dabei. Sogar bei manchen Formel-I-Rennen. 1999 in Monte Carlo und Barcelona, sogar bei Testfahrten, und jede Nacht schläft er bei mir im Bett."

Salos japanische Ehefrau Noriko hat nichts dagegen: Mikas Labrador ist erst ein knappes Jahr alt. Sein Name? „*Leyla* – wie der Sohn des Popstars Eric Clapton. Weil ich ihn am gleichen Tag bekommen habe."

Im Haushalt von Schumacher-Manager Willi Weber ist dagegen alles italienisch, sogar der Hund: ein Vol-

pino. „Mr. 20 Prozent“ und seine Frau Heidemarie stoßen zufällig auf diese Rasse, als sie beim Bummel durch Stuttgart einem solchen Hund begegnen.
Die Managerfrau ist sofort begeistert: „Was ist denn das für eine Rasse?“
„Ein Volpino, und ich kann Ihnen gleich die Adresse des italienischen Züchters geben. Er wird gern behilflich sein, einen zu finden.“
Er kommt und heißt *Willi.* „Weil meine Frau sagt: Der hat genau den gleichen Charakter wie du: isst viel, ist eigensinnig, folgt nie und tut immer nur, was er will.“
Nur mit dem Ringelschwanz kann *Willi,* der Volpino, nicht wedeln. „Darin unterscheiden wir uns“, grinst Weber.

Ross Brawn, der Technikchef, ist das Hirn von Ferrari. Der Mann, der für Schumacher die cleversten Boxenstrategien ausheckt. In seinem englischen Landhaus braucht er keine für *Polly* (14) und die einjährige *Genna.*
„Um meine Frau und meine Hunde zu sehen, flieg ich zweimal im Monat von Italien nach England“, verrät Brawn. „Das hab ich in meinem Ferrari-Vertrag verlangt.“
In England kann er sich am Computer mit der Ferrari-Fabrik problemlos vernetzen – aber aus Italien mit seinen Hunden in Oxford?

Ferrari hatte natürlich nicht nur immer sein berühmtes sich aufbäumendes Pferd („Cavallo“) als Wappentier, sondern auch immer edle Hunde.
Luca Montezemolo gehört zur Edelrasse der Ferrari-Präsidenten. Als junger, dynamischer Rennleiter hat

Wer ist leichter zu bändigen, Formel-I-Piloten oder Hunde? Ferraris Technikboss Ross Brawn mit dem 7-jährigen Rottweiler Genna und der 14-jährigen Pudeldame Polly.

er Niki Lauda 1975 zum Weltmeistertitel geführt – heute leitet er die Geschicke der Edelmarke.
„Es wird auf der Welt jedes Jahr 2000 Menschen geben, die sich einen Ferrari leisten wollen", hat Enzo Ferrari einmal gesagt. Unter Montezemolo leisten sich heute rund 3600 pro Jahr einen Ferrari.
Edle Autos, edle Hunde. Montezemolo hat auf seinem Besitz in Bologna den schwarzen Labrador *Ercole* und den weißen Spinossa *Gigio:* „Ein berühmter,

typischer italienischer Jagdhund – auch wenn ich für die Jagd selber nie Zeit hab."
Luca ist als Ferrari-Rennleiter noch meterhoch gesprungen und hat sich dankbar auf den Asphalt gekniet, als Niki Lauda 1974 in Jarama seinen ersten Grand Prix gewann – heute kommt er nur höchst selten zur Formel I.
„Schau ich lieber im Fernsehen, weil ich immer fürchte: In den Boxen trifft mich vor Aufregung noch einmal der Herzschlag ..."
Aber natürlich reist Montezemolo auch sonst sehr viel. Und die Reaktion seines Jagdhundes *Gigio,* wenn das berühmte Herrl nach einer Woche heim nach Bologna kommt?
„Immer gleich originell. Den ersten Tag ist er immer noch beleidigt, enttäuscht und verkriecht sich. Erst ab dem zweiten Tag mag er mich wieder."
Wie soll *Gigio* auch je verstehen, dass der Genfer Automobilsalon, die Frankfurter IAA oder sogar die Tokio-Motor-Show für einen Ferrari-Chef auch nicht ganz unwichtig sind?
Ercole und *Gigio* sind jetzt fünf Jahre alt, also fast so treu wie Eddie Irvine, der vier Jahre bei Ferrari blieb. Neu dazugekommen, noch vor Rubens Barrichello, ist jetzt die Bulldogge *Nando.*

Formel-I-Hunde

Warum sich der Honda-Hund vor Vögel fürchtet

Wann immer ich früher am Donnerstag auf eine Rennstrecke kam, sah ich einen durchtrainierten, fast asketischen Läufer seine zwei, drei Runden drehen.
Kein Leichtathlet, sondern einer der erfolgreichsten Rennstallbesitzer der Formel I: Frank Williams.
Laufen war ihm unheimlich wichtig: Er bestritt englische Halbmarathons (21 km) und trabte auch fast täglich durch die englische Natur – meist begleitet von seinen schwarzen Labradors *Fred I, Fred II* und *Fred III*.
Seit seinem schweren Autounfall wird Frank Williams „Rollstuhlgeneral" genannt. Und die Namen seiner jetzigen Hunde, immer Labradors, sind das Echo seiner zwei großen Leidenschaften:
Seb – nach dem englischen Wunderläufer Sebastian Coe, Olympiasieger 1980, vielleicht der größte Meilenläufer aller Zeiten.
Und *Harry* – nach dem Rennfahrer Harry Stiller, einem langjährigen Freund von Williams. Pardon: Sir Frank, denn er wurde vorigen Winter von der Queen geadelt.
„Ich seh das als Auszeichnung für unsere ganze Fabrik. Aber bitte ja nicht gratulieren! Jeden, der mich mit Sir Frank anspricht, schmeiß ich raus ..."
Da wurden auch *Seb* und *Harry* wieder ganz normale, bürgerliche Hunde.

Patrick Head ist Technik-Direktor und 40-Prozent-Besitzer von Williams. Nach Siegen leckt er sich

gern über die Lippen wie ein zufriedener Bulldogge nach der Mahlzeit.
Aber sein Traumhund war ein Rottweiler mit Namen *Trouble.* „Aus erster Ehe“, ergänzt Patrick. Und wer war das größte Trouble? Wieder sein Bulldoggenlächeln. „Meine zweite Frau mag keine Hunde.“ Das ist Beatris, die jahrelange Pressesekretärin von Ayrton Senna.

Hirotoshi Honda – der heutige Kommandant der japanischen Formel-I-Großoffensive – ist der Sohn des legendären Soichiro Honda: Sein Vater baute im Krieg den Zero-Bomber, später Mofas, Leichtmotorräder, Autos, Rennwagen.
Aber wann immer im Grand-Prix-Zirkus, etwa bei einem Motorplatzer, der Name „Pearl Harbor“ fällt, zucken die Japaner zusammen: Das hören sie absolut nicht gern.
Mr. Honda oder Honda-San, der Legendäre, hatte den Luftkrieg auch zu Hause: „Zwei ganz besondere Vögel, wirklich keine normalen, kurze Beine, langer Schweif – und sie benahmen sich so merkwürdig“, erinnert sich Hirotoshi an seinen berühmten Vater. „Er war so freundlich, friedlich, liebte Tiere über alles. Aber die Vögel waren so aggressiv. Wenn die beiden im Formationsflug auf unseren Schäferhund *Bado* zuflogen, flüchtete der Hund aus dem Haus ...“
Bado heißt auf Japanisch gar nichts. Dafür hat Hirotoshi seinen Labrador *Mein Schatz* getauft – auf Deutsch, wie Japaner ja überhaupt Wien und vor allem das Neujahrskonzert lieben.
Als Hirotoshi Honda im Sommer 1999 in Wien war, strampelte er mit dem Fahrrad vier Stunden lang durch die City.

„Den Labrador hab ich direkt aus einem Tiergeschäft. Und einen ganz außergewöhnlichen großen, bunten Fisch auch. Aber mit den Vögeln meines Vaters – kein Vergleich ..."

Fast jeder Formel-I-Konstrukteur ist ein Künstler. Fast jeder auch ein großer Tierfreund.
John Barnard, der das berühmte McLaren-Tag-Turbo-Weltmeisterauto für Niki Lauda gebaut hat, „konstruierte" zwei siebenjährige Border Collies, sogar Schwestern.
„Aber total verschieden im Charakter. Die schwarzweiße *Jesse* ist immer aktiv und nervös, die rotbraune *Bracken* hat am liebsten ihre Ruhe. Genauso unterschiedlich wie meine zwei Töchter Jennifer und Gillian."
Was nur die These unterstreicht: Zu jedem Menschen den passenden Hund. Aber auch die Frage aufdrängt: Welchen Hund hätte wohl Ron Dennis, der mit seinem Konstrukteur jahrelang erbitterte Ego-Kriege geführt hat?
„Wahrscheinlich einen Pit Bull und einen Pudel", grinst Barnard.
Aber er irrt: Ron Dennis züchtet Papageien! „Meinen ersten nannte ich *Turbo* – weil damals gerade die große Turbo-Ära war. Leider fiel er eines Tages tot von der Sprosse. Darum taufte ich den zweiten Papagei dann *Cosworth* – der war zuverlässiger ..."
Bis er die Dennis-Tochter Charlie in die Finger zwickte. Darum hat auch *Cosworth* nicht lang durchgehalten.
McLaren-Chef Mansour Ojjeh – ein Syrer aus bester Familie, der in den USA studiert hat – mag eigentlich keine Hunde. „Aber meine Kids haben so lange

gebettelt, bis wir jetzt einen angeschafft haben: so ein kleines, verknutschtes Knäuel von Hund mit Namen *Jesse.*“

Benettons Technik-Direktor Pat Symmonds hat keine Hunde, aber drei Katzen, sie heißen *Bert, Smokey* und *Molly.*

Paul Stewart, der auch schon sehr tüchtige Sohn des legendären Rennstallbesitzers Jackie, nennt seinen Cockerspaniel *Nobu.* „Nach meinem japanischen Lieblingsrestaurant.“

Der Schweizer Peter Sauber – vom Charakter eher gutmütig wie ein Berner Sennenhund, nur halt ohne Schnapsfläschchen – hat zu Hause eine sechsjährige Labradorhündin namens *Jenny.*

Mit vollem Namen: *Waterfan Wood Jenny.*

Waterfan ist die Zucht, *Wood* der Wurf, und *Jenny* ihr Name. Eigentlich aus der Schweiz, aber englische Arbeitslinie.

„Normal sind diese Hunde eher fett, aber nicht *Jenny* ... Und weil ich schlanke Frauen mag, ist auch *Jenny* so schlank.“

Und die Formel-I-Stars von gestern?

Der „fliegende Schotte“ Jim Clark lebte – aus Steuergründen – eine Zeit lang in Paris: beim sehr anglophilen, legendären Formel-I-Journalisten Chebby Crombac (70), der noch heute zu allen Grand-Prix-Rennen kommt.

Chebby ist ein Hundenarr, hatte damals natürlich auch den Modehund Basset, berühmt aus der „Hush Puppy“-Werbung. Und seinem Freund Jim Clark zuliebe taufte er ihn *Lotus.* Clark starb 1968 auf dem Hockenheimring.

Aber Chebby hat heute noch alle Clark-Devotionalien aufbewahrt. Darunter auch die Briefe, in denen

ihm Jim von irgendwelchen Amerika- oder Australien-Rennen schrieb: „Und vergiss ja nicht: Schöne Grüße an *Lotus!*“ Oder: „Macht *Lotus* noch immer auf die Couch?“
Auch Rene Arnoux, der draufgängerische Ferrari- und Renault-Turbo-Pilot mit den meist weit aufgerissenen Augen, hatte einen Basset.

Carlos Reutemann: perlweiße Zähne, blitzende Augen, die langen Haare nach hinten gekämmt – darum nannten wir ihn im Grand-Prix-Zirkus auch immer den „Indianer“.
Der Argentinier war zuerst Niki Laudas Teamkollege, später sein Nachfolger bei Ferrari. Aber wie kommt ein argentinischer „Indianer“ zu seinem deutschen Namen?
„Durch meine Urgroßeltern: Sie sind im 19. Jahrhundert aus Gundalingen in der Schweiz nach Südamerika ausgewandert.“ In Santa Fé betrieben die Reutemann-Vorfahren einen riesigen Bauernhof – und diese Finca wird heute noch von Carlos bewirtschaftet.
Ohne Katzen, aber mit acht Hunden: vier Rottweiler, zwei Labradors, zwei Deutsche Schäferhunde.
„I love my dogs!“ Die Rottweiler haben alle Namen, die an südamerikanische Freiheitskämpfer erinnern: *Pancho, Bronco* usw. „Sie stammen aus einer brasilianischen Zucht – dort sind sie noch größer und kräftiger.“ Und Reutemann-Tochter Cora bremst: „Sie mögen vielleicht wild ausschauen, aber sie sind wirklich süß.“
Cora war als Kind streng verboten, zu Grand-Prix-Autorennen mitzukommen, ja sogar Bücher über Autorennen zu lesen! „Das hol ich jetzt nach – als Foto-

grafin im Grand-Prix-Zirkus.“ Mit eigener Fotoausstellung in Monte Carlo.
„Aber wann immer ich meinen Vater in Santa Fé besuche, freu ich mich auch auf die acht Hunde. Fast wären es zehn geworden. Aber die letzten zwei, schwarz-weiße Collies, konnte mein Vater nicht mehr nehmen ...“
Hundenarr, Autorennfahrer, Politiker. Carlos Reutemann pendelt zwischen der Farm in Santa Fé und dem Regierungsgebäude in Buenos Aires – und hört überall auf die Wünsche und Sehnsüchte der Argentinier. Diesen Herbst wurde er wieder Gouverneur in Santa Fé. Und viele sind überzeugt: Bald ist der „Indianer“ Staatspräsident von Argentinien.
Vielleicht ohne „First Lady“, weil Reutemann von seiner Frau Mimicha getrennt lebt, aber mit vier Rottweilern, zwei Labradors, zwei Deutschen Schäfern, die alle um den Ehrentitel bellen: „First Wuff“.

Keke Rosberg – der Formel-I-Weltmeister von 1982, der Mika Hakkinen zum World Champion managte – ist der Sohn eines Tierarztes in Mittelfinnland. Genau den gleichen Background hatte auch der Schotte Innes Ireland, der 1961 in Zeltweg das allererste Formel-I-Rennen auf österreichischem Boden gewonnen hat.
„Logisch, dass immer viele Hunde da waren. Ich bin mit Tieren aufgewachsen.“
Nicht nur ungiftigen. Als Rosberg noch Formel-Vau-Rennen fuhr, saß er im „Kaiman“ des Wiener Rennwagenkonstrukteurs Kurt „Master“ Bergmann.
Warum Kaiman? „Das ist ein ganz giftiges, scharfes Tier ...“
Damals hatte Keke Rosberg als Postadresse noch

„Campingplatz Zell am See“ angegeben. Später, *rich and famous* geworden, kaufte er sich in Zell dort ganz in der Nähe ein Haus mit Salzburgs schönstem Ausblick.
Heute verteilt er seine Hunde auf mehrere Plätze: auf die finnische Heimat, sein Büro in Monte Carlo, das Ferienhaus auf Ibiza – und natürlich Zell am See.
Die zwei Labradors *Teddy* und *Nelly* und den Schnauzer *Nougat* – prächtige Spielkameraden für Kekes Sohn Nico, der jetzt schon fleißig und erfolgreich Gokartrennen fährt.
„Wenn du nur ein Kind hast“, weiß Rosberg, „hat ein Hund eine besonders wichtige Funktion.“
Auf Ibiza zugelaufen ist der Mischling, der *Yannick* getauft wurde. „Aber nicht wegen Yannick Noah, dem Tennisspieler, sondern wegen Yannick Dalmas.“ Und er ist natürlich Autorennfahrer.
Weltmeister Mika Hakkinen hat noch immer keinen eigenen Hund. Aber als zweiter Manager kümmert sich Didier Cotton um Mika – gleichfalls mit der Treue eines Schäferhundes. Der weiße Pinscher in seinem Büro heißt *Cookie.*
Und Mikas Schildkröte *Caroline* – in seinem Monaco-Appartement – bleibt auch nicht mehr lange allein: Fünf kleine Schildkröten kommen schon demnächst dazu.

Nigel Mansell war jahrelang der englische Rennheros. Weltmeister 1992, letzter Sieger auf dem klassischen Österreichring 1987. Mit einem gefährlichen Blackout auf der Ehrenrunde:
Mansell, auf der Plane eines offenen Lkw, übersah eine Eisentraverse, die ihn bewusstlos schlug: „Den Tippel von damals hab ich heute noch.“

Als ich ihn neulich auf einem englischen Golfplatz traf – wo sonst? –, lüftete er seine Golfmütze: „Schau her, den Tippel hab ich heute noch …“
Nur seine Hunde sind jetzt andere: schwarze Labradors mit Namen *Kizzy* und *Abbey* – nach einer der berühmten Kurven von Silverstone.
Aber der meistgebrauchte Befehl im Mansell-Vokabular: „Get out!“ Er will seine Hunde nie im Haus haben – für ihn sind das keine Familienmitglieder.
Vielleicht sollte sich Mansell darüber einmal mit Michael Schumacher unterhalten …
Alle Hunde der aktuellen Formel-I-Piloten wurden schon im ersten Buch „Grimaldi & Co“ vorgestellt. Wer ist neu hinzugekommen?

Marc Gene, der talentierte Spanier, mit seiner Promenadenmischung *Rocky* (9) und dem Deutschen Schäferhund *Flick* (2). Graue Farbe, hochintelligent. „Der muss einmal ein Mensch gewesen sein“, grübelt Gene. „Wenn ich ihn mir so ansehe, glaub ich an Reinkarnation. Wir verbringen sehr viel Zeit zusammen.“
Marc Gene liest viele Bücher über Geschichte, Astrologie, Astronomie – ungewöhnlich für einen Formel-I-Piloten.
Da hat Alex Zanardi, der lebenslustige Italo-Amerikaner, andere Interessen.
Der zweifache Amerika-Champion und Formel-I-Heimkehrer erinnert sich: „Als Bub hatte ich einen Hund, der genauso aussah wie Rin-Tin-Tin. Eine Hundedame, darum hab ich sie *Mita* getauft.“
Als der ungarische Handball-Internationale Thomas Frank – heute Chef des Formel-I-Grand-Prix von Ungarn – nach Wien übersiedelt, passiert zweierlei

gleichzeitig: der Hausbau in Grinzing und der Einzug seines Schäferhundes *Bonnie,* aus der Zucht eines Österreich-Champions.
Sein Geschäftspartner Peter hat einen Golden Retriever namens *Bernie.* In der Hoffnung, dass Ecclestone nie erfährt, dass er in Wien einen Namenskollegen hat.
Christof Amann, der sich um Bernie Ecclestones vornehmen „Paddock Club“ kümmert, hat auf allen Rennstrecken seine Security-Garde, zu Hause in Spielberg den Schäfer *Kelly* – und der wurde immerhin 14 Jahre alt.

Ländliche Idylle: Phone und Mic, zärtliche Rassehunde des Langstreckenpiloten Bob Wollek – der auch ein sehr erfolgreicher Skirennläufer war.

Denkende Hunde

Haben Pferde wirklich den größeren Kopf?

Den Unterschied hat schon Corinna Schumacher, die Frau des Formel-I-Champions, formuliert: „Wenn der Hund mit dem Schweif wedelt, freut er sich – aber beim Pferd heißt das: Es ärgert sich."

Hans-Günther Winkler feierte einmal in Wien seinen 500. Sieg. Und erzählte mir damals die Story seines größten Triumphes: Reiter-Olympia '56.

Winkler greift mit seinem „Wunderpferd", der Stute *Halla,* nach der Goldmedaille im Springreiten. Aber er hat sich das Schlüsselbein gebrochen, trägt den Arm in der Schlinge, kann das Pferd also nicht führen, dirigieren wie gewohnt.

Aber da übernimmt *Halla* das Kommando, findet von allein die kürzesten Wendungen, den idealen Absprung und trägt Winkler über die Hindernisse. Beifallumtost wird Winkler Olympiasieger.

Vielleicht stimmt doch der alte Spruch: „Manchmal soll man das Denken den Pferden überlassen – die haben den größeren Kopf."

Winkler spricht von *Halla* heute noch voll Hochachtung. Er hat seiner Wunderstute sogar ein Denkmal gebaut – wie die Finnen für ihren Wunderläufer Paavo Nurmi in Turku.

Ein anderes Pferd muss immer gewinnen: das springende Ferrari-Pferd, Symbol für Siege und Leidenschaft. Das schwarze Pferd auf gelbem Grund: früher das Wappenzeichen des italienischen Kriegsfliegerhelden Baracca, der im Ersten Weltkrieg abgeschossen wurde.

Baraccas Eltern schenkten das Symbol später, in den 20er Jahren, dem jungen Enzo Ferrari, der damals „entweder Rennfahrer oder Opernsänger oder Sportreporter werden wollte".
Das springende Pferd hat er heilig gehalten, wie alle seine Rennfahrer: von Alberto Ascari über Niki Lauda bis Michael Schumacher. Ein Ferrari muss immer gewinnen.
Sommer 1976. Ich fliege mit Niki Lauda von Anderstorp (Schweden) nach Bozen, wo wir eine einstündige Fernseh-Sportsendung machen. Niki hat drei Grand-Prix-Rennen hintereinander gewonnen, in Anderstorp, auf einer Flugplatzstrecke mit komischen, lang gezogenen U-Kurven, aber nur Platz 3 belegt.
Und schon jammern die italienischen Zeitungen in Balkenlettern: „Ferrari in crisi! Lauda finito!", so schreit es uns von den Zeitungs-Titelseiten entgegen, als wir durch die Bozner Altstadt bummeln.
„Unfassbar, diese Italiener", schüttelte Lauda den Kopf, „kaum gewinnst du einmal nicht, bist du schon für alle der Trottel."
Lucky Schmidtleitner, unser ideensprühender Regisseur, hat eine plötzliche Eingebung, zieht im Gehen, von Lauda unbemerkt, einen Schuh aus und wirft ihn von hinten hoch in die Luft – worauf er direkt vor Niki niederklatscht.
„Na, was hab ich euch gesagt?", reagiert Lauda. „Einmal nicht gewonnen, und schon schmeißen sie aus den Fenstern mit Schuhen nach dir."
Wir verbeißen mühsam das Lachen. Lucky aber hebt, wieder unbemerkt von Lauda, den Schuh auf und wirft ihn hinter Laudas Rücken nochmals in die Luft. Lauda ist fassungslos: „Da kommt schon der zweite …"

Wenige Menschen, die ich kenne, haben so viele Facetten wie Dr. Helmut Marko: Rindt-Schulfreund, Formel-I-Pilot, Sieger in Le Mans, Geschäftsmann, Hotelier in Graz, Teamchef in der Formel 3000 – und Hundefreund.

Besonders, wenn es um Neufundländer geht. „Die haben, weil ich ja dauernd bei Rennen war, die Aufzucht meiner Kinder übernommen."

Und einen Neufundländer hatte Marko nach seinem deutschen Manager benannt: *Gustav.* Und der hatte ein extremes Erlebnis.

Hetzjagd mit dem Auto von Graz nach Wien und zurück, *Gustav* natürlich mit im Auto – im Kofferraum. Über zweimal 200 km, auch beim Boxenstopp in Wien. Wieder zurück in Graz, vergisst Helmut den Hund im Auto, geht schlafen, schmeißt in der Früh seinen Aktenkoffer in den Kofferraum, schaut in der finsteren Garage auch nicht näher hin – und fährt plötzlich beim Abendessen, wieder zu Hause, vor Panik und Schrecken hoch: „Wo ist der Hund?"

Keiner hat ihn gesehen, weder Ehefrau Irmi noch die Kinder. Schon 24 Stunden lang!

Marko wird bleich: „Um Gottes willen – der *Gustav* ist ja immer noch im Auto." Einen Tag und eine Nacht lang. Und die flotte BMW-Reklame hat einen speziellen Spruch: „Testen Sie – unser Auto hat einen absolut staubdichten Kofferraum!"

Der arme Hund: Was für ein qualvolles Ende! Helmut und Irmi beraten kurz, wer in die Garage runtergeht, den offenbar erstickten Hund aus dem Auto zu holen, weil 24 Stunden ohne Sauerstoff niemand überleben kann.

Helmut geht, aufs Schlimmste gefasst. Aber dann das Wunder: Kaum öffnet er den Kofferraum, springt

ihm *Gustav* fröhlich und pudelmunter entgegen – und erstaunlicherweise ist sogar nach 24 Stunden noch alles trocken.
So viel über Hundedisziplin und Werbung. Nur gut, dass die BMW-Reklame vom staubdichten Kofferraum nicht gestimmt hat.
Dafür aber die Story vom Marko-Sportkollegen Gernot Fischer, einem sehr bekannten Rallyefahrer.
Einmal transportiert er seinen Hund – notgedrungen – im Kofferraum, und der war beim Käfer ja nie sehr üppig.
Aber dem Hund hat's gefallen. Er faltete sich zusammen und genoss die Fahrt absolut. Danach wollte er überhaupt nur noch im Kofferraum verreisen.
Und sooft ihn Fischer auch auf die Hintersitze einlud – der Hund sprang immer nur fröhlich und freiwillig vorn in den Kofferraum. Da konnten sich Passanten noch so aufregen: „Dieser Tierquäler sperrt seinen Hund in den Kofferraum – was für ein herzloser Mensch.“
Aber aussuchen wird man sich ja noch dürfen, wie man reist: Business class für Hunde, ob bei Lauda, Marko oder Fischer.

Märchen-Hunde

Wie Candy im TV nach anderen Hunden sucht

Yul Brynner war als „König von Siam“ im Musical „The King and I“ 5000-mal auf der Bühne gestanden. Der echte Prinz Bira von Thailand fuhr in den 50er Jahren bei 18 Grand Prix mit, hatte schon damals ein Privatflugzeug, war erst mit einer englischen Lady, danach mit einer Argentinierin verheiratet – und hatte in England immer eine Menge Hunde: alles Scotchterrier.
Ein echter Märchenprinz. Leider ließ er sich in eine Rebellion verwickeln, fiel beim Regime in Ungnade, wurde bestraft und verbannt und starb 71-jährig, bettelarm, in einer Londoner Metrostation an Herzschlag.
Einen Tag vor Weihnachten, allein, ohne Hund.

Heiko Wasser, der Formel-I-Kommentator von RTL, liebt seinen Westhighland-Terrier *Candy* (6) fast noch mehr als Schumi I, Schumi II und Frentzen.
„Den hat meine Frau Susanne in die Ehe mitgebracht – und ich musste mir seine Zuneigung erst erarbeiten.“
Dass *Candy* gern Auto fährt, am liebsten im offenen SLK, ist kein Wunder. Dass er bei Formel-I-Übertragungen ergriffen vor dem Fernseher sitzt und zwischen Motorgeheul, „his Masters voice“ lauscht: auch nicht überraschend.
Aber wie *Candy* auf Tiersendungen im Fernsehen reagiert, habe ich noch von keinem Hund gehört.
Am Beispiel des VW-Werbespots mit dem Schwein

oder der Frolic-Werbung, in der zwei Hunde einen Becher Frolic klauen: Sobald die Musik im Fernsehen erklingt, dreht *Candy* – im Garten – völlig durch, hetzt die Stiegen hinauf ins Wohnzimmer, springt den Fernseher direkt an, schaltet ihn manchmal mit der Schnauze irrtümlich aus, sucht aufgeregt nach Schwein und Hund.
„Oder er sitzt direkt vor der Glotze und jault, wenn Universum läuft."
Und was, wenn RTL einen echten Hundefilm spielt? Etwa „Scott and Hutch" mit Tom Hanks? Oder „Besser geht's nicht" mit Jack Nicholson – mit einem Cairn-Terrier? Oder gar „Kommissar Rex"?
„Da springt *Candy* voll gegen die Scheibe. Oder schaut bei allen Ecken des Fernsehers, ob irgendwo ein Hund rauskommt ... So etwas dürfen wir uns gar nicht mehr anschauen."
Und so bestimmt der Westhighland-Terrier *Candy* im Hause Wasser sogar das TV-Programm.

Haben Sie „Ronin" gesehen, den Kinothriller mit Robert de Niro? Spektakuläre, atemberaubende Autoverfolgungsjagden durch Paris, an der Côte d'Azur – oder auf der vierspurigen Autobahn: Geisterfahrer-Pistenduell gegen den Verkehr.
Aufnahmen, die man noch nie zuvor gesehen hat. Sogar Steve McQueen in San Franzisko war dagegen harmlos.
Stuntman für de Niro konnte nur einer sein: ein ehemaliger Formel-I-Pilot. Jean-Pierre Jarier mit dem Pulverdampf von 135 Grand-Prix-Rennen. Er erzählt mir:
„Die Aufnahmen waren spannend, aber unheimlich gefährlich. Drei-, viermal nur knapp an einer Kata-

strophe vorbei. Aber es hat sich ausgezahlt." 1500 Dollar Tagesgage, vier Monate lang. „Davon hab ich mir ein Jaguar-Cabrio gekauft ..."
Frischluft-Ausflüge, die sein Hund leider nicht mehr genießen kann. „*Left,* ein toller, prächtiger, starker Deutscher Schäferhund", ist im biblischen Hundealter von 19 Jahren (!) gestorben.
Wieso *Left,* also links? „Weil er ein gebrochenes linkes Ohr hatte – und nur auf dem rechten etwas hörte. Aber dafür jedes startende oder landende Flugzeug."
Left gehörte einem französischen Air-Controller auf einem kleinen Flugplatz am Land.
„Als er nach Paris-Orly versetzt wurde, konnte er den Schäfer nicht mitnehmen. Ich hab ihn übernommen." *Left* war ein netter Kerl, kein linker Hund.

Architekt Siegfried Mörth baut nicht nur die beliebten „Österreich-Häuser" bei Olympischen Spielen oder Skiweltmeisterschaften. Er hat auch in Gars den altkaiserlichen „Kamptalhof" zu neuem Leben erweckt – jetzt heißt er längst „Willi Dungls Bio-Trainingszentrum".
Zu Siegfried passt nur ein Naturhund: die Bernhardinerhündin *Freckles,* auf Deutsch: Sommersprossen.
Als die Mörth-Kinder in Amerika sind, macht Mörth mit *Freckles* eine Bergtour auf den Schöpfl. Fast schon am Gipfel, wird *Freckles,* ein paar Schritte voraus, übermütig, springt ihr Herrl an, verfehlt ihn – und segelt wie ein Skispringer durch die Luft.
Bis sie wimmernd liegen bleibt und beide Hinterbeine nicht mehr bewegen kann. Oh Schreck!
Siegfried fürchtet schon: „Wenn meine Kinder aus

Amerika zurückkommen, werden sie mich steinigen.“ Er lädt den 50 kg schweren Bernhardiner auf seine Schultern und schleppt ihn, ächzend und stöhnend, eine Stunde lang den Berg runter – bis er selber fast zusammenbricht.
Aber, o Wunder: *Freckles* steht auf, schüttelt sich und springt gleich wieder fröhlich durch die Gegend.
„Du hast instinktiv das Richtige gemacht“, lobt Willi Dungl später seinen Architekten. „Du hast den Hund vorn und hinten runterhängen lassen. Dadurch hat sich die Wirbelsäule gedehnt – und seine Bandscheiben sind wieder reingesprungen.“
Zur Nachahmung empfohlen.
„Aber später, als *Freckles* älter wird, fällt sie wegen der Bandscheiben öfter um. Ich auch – einmal auf dem Weg von zu Hause ins Büro. Der Hund liegt, ich liege auch, kriech auf allen vieren zur Klopfstange – und hab mich dort hochgehantelt … Wir haben gut zusammengepasst.“

Schnee-Hunde

Margreiter: ein Herz für „Humpy Dumpy“

1945 marschierte als Kommandant einer französischen Alpenjäger-Division in St. Anton am Arlberg ein Mann ein, der für unseren Skisport bald zum erbittertsten Gegner wurde: Honoré Bonnet.
Weil er klein war und die Haare quer kämmte, nannten sie ihn „Napoleon“. Aber er erinnert sich heute noch an einen damals siebenjährigen Buben, der frech und mutig, in tollkühner Hocke und im Renntempo die Skipisten heruntersauste: Karl Schranz, später dreifacher Weltmeister.
Aber da war Besatzungsoffizier Bonnet – von Charles de Gaulle befohlen – längst französischer Skichef: der „Ski-Napoleon“.
Er führte atemberaubende Trainingstricks ein, schickte seine Läufer in den Boxring, in die Stierkampfarena, ließ sie – mit entsprechendem Anlauf – über senkrechte Mauern laufen, machte mit Jean-Claude Killy Schwindel erregende Bergtouren, „um seine Nerven zu schulen“.
Und arbeitete sogar nach dem Prinzip des „Pawlow'schen Affen“. Bekanntlich hatte der russische Arzt Pawlow seinen Affen und Hunden so lange mit einem bestimmten Pfeifton ihr Fressen gegeben, dass sie später schon allein beim Pfeifton ihre Magensäfte produzierten – auch ohne Futterschüssel.
Prof. Willi Dungl, der Zauberer vieler Sportler, nicht nur Formel-I-Piloten, testete später mit unseren Skispringern den „Pawlow'schen Affen“: über Funk ein Pfiff in den Sturzhelm, wann er abspringen muss.

Im Training alles erlaubt. Im Wettkampf alles verboten.
Die FIS verbot ab sofort in ihrer Wettlaufordnung „jedwede Einmischung von außen“. Aber unsere Skispringer gewannen auch ohne Pawlow-Pfiff. Und die französischen Skifahrer – damals – auch.
Jetzt, als 80-jähriger Pensionist, hat Bonnet in Pra-Loup mehr Zeit für seine Hunde. „Meine Frau wollte unbedingt englische Bulldoggen, aber die sind zu teuer. Also einigten wir uns auf französische.“
Sie heißen *Ustar, Loby* und *Loffy* und fressen sechs bis acht Steaks pro Tag. Und der „Napoleon“ geht mit ihnen täglich spazieren, sogar einkaufen im Supermarkt. Trotz Pech.
„Ich ruf einen meiner Hunde, der springt mich voll an, ich stürze rückwärts – und falle mitten in eine riesige Palette mit Eiern. Alles kaputt, ich habe alles zahlen müssen – und hatte davon nicht einmal eine Omelette …“

Den Alptraum aller Hundebesitzer durchleidet Charly Kahr, unser berühmter „Downhill-Charly“. Erfunden hat der Skitrainer vor 25 Jahren sehr vieles, auch seinen berühmten Schlachtruf für pickelharte Abfahrtspisten: „Heut pfeifen die Komantschen!“
Ein Spruch, den man jetzt wieder öfter hört.
Kahr ist Jäger, aber kein Apache. Und er hat auch nie einen Jagdhund, sondern immer nur *Ronnie,* seinen heiß geliebten Deutschen Schäfer.
Aus der Zucht von Mama Kerscher, deren Sohn Martin heute FC-Tirol-Fußballpräsident und „Nike“-Österreich-Chef ist.
Den Klammer-Triumph 1976 am Patscherkofel hat

Ronnie noch nicht miterlebt, dafür aber die Goldmedaillen von Leonhard Stock (1980 in Lake Placid) und Harti Weirather (1982 in Schladming).
Ronnie ist der liebste, treueste, anhänglichste Schäfer, den sich Charly Kahr nur vorstellen kann. Aber mit elf Jahren beginnt er rapid zu altern. Kahr versucht verzweifelt alles, sein Leben zu verlängern – sogar eine Frischzellenkur bei Tierarzt Dr. Heller in Gröbming.
Hilft alles nichts. Mit zwölf muss *Ronnie* eingeschläfert werden. „Ich bin rausgegangen, er hat mir nachgeschaut", krampft es Kahr noch heute das Herz zusammen. „Seither hab ich keinen Hund mehr."

Bei allem Respekt vor Charly Kahr: Werner Margreiter ist der erfolgreichste Cheftrainer, den das österreichische Skiteam jemals hatte. „Hermann Maier und das weiße Wunderteam" überrannten lawinenartig die Konkurrenz, triumphierten auf allen Pisten, bei jedem Schnee.
Margreiter schaffte aber auch etwas, was in diesem perfekten Mannschaftssport in der Vorbereitungsphase, aber brutalem Einzelkampf im Winter am wichtigsten ist: Generationskonflikte zu vermeiden, Generationswechsel einzuleiten.
Wie bei seinen Rennläufern, so auch bei seinen Hunden:
Dem schwarzen, später grau gewordenen Briard *Humpy Dumpy,* einem älteren Hundeherrn mit dem Namen aus „Alice im Wunderland", und dem irischen Wolfshund *Ari.*
„Hätte eigentlich *Amigo* geheißen, als Erster vom Wurf – aber der Name hat mir nicht gefallen. Meine Frau war immer von irischen Wolfshunden faszi-

niert. Also hat sie einen bekommen – zum Geburtstag."

Margreiter und seine Frau Inge haben zwei Töchter: Magdalena (11) und Mariella (2). Und jedes der Mädel hatte das Glück, mit einem Hund aufzuwachsen: Magdalena mit *Humpy Dumpy,* Mariella mit *Ari.*

Natürlich, die wochenlangen Amerikatourneen sind ein Problem. „Einmal schieben wir den alten Hund zu einer Tante ab, ohne uns abzumelden." Was *Humpy Dumpy* übel nimmt. „Als wir ihn zurückholen, hockt er im hintersten Winkel – ganz beleidigt."

Dagegen der junge Hund: „Als ich nach fünf Wochen aus den USA zurückkomme, jault und weint er vor Freude." Aber: „Als ich paar Tage später wieder meine Skisachen zusammenpacke, will er mich nimmer weglassen und rennt mir überall nach."

Der Briard wurde nur elf Jahre alt: „Uns allen ist das Herz gebrochen, als wir ihn einschläfern mussten. Aber die letzten zwei Monate hat *Ari,* der Wolfshund, in ihm noch totale Lebensfreude geweckt."

Die Story von *Humpy Dumpy* und *Ari* ist eine bittersüße. „Traurig, aber lieb, weil der Briard dem kleinen Wolf noch alles hat zeigen können, was er für sein Hundeleben gelernt hat: Sitz, Platz, bleib, komm – alle Kommandos. Dafür macht ihm *Ari* noch alle Türen im Haus auf. Das hat wieder der Briard nie können – der Wolfshund aber schon mit vier Monaten herausgehabt."

Mit einer stolzen Höhe von 80 cm schon nach zehn Monaten – und seither wächst er weiter und weiter.

Aber die letzten zwei Monate mit *Humpy Dumpy* sind für Werner Margreiter und sein Dreimäderlhaus schmerzhaft. Für den Briard auch. „Fast Tierquälerei. Aber der kleine *Ari* hat ihm den Abschied erleichtert – das war schön, hat aber sehr wehgetan!“

Als ÖSV-Präsident Peter Schröcksnadl 1998 ankündigte: „Wir wollen das erfolgreichste Damenteam der Welt werden“, hüstelten noch alle. Inzwischen ist das Skiwunder längst passiert. Geschaffen hat es Karl Frehsner.
Als Bub streichelte Frehsner in St. Gallen (Steiermark) die Schäferhündin seiner Brüder – *Rita.*
Als junger Blizzard-Fabrikarbeiter legt er sich nächtelang – splitternackt – auf den Balkon, um sich abzuhärten. Eines Freitags haut er in Mittersill ab, bezwingt die gefürchtete Eiger-Nordwand, genannt „höchster Grabstein der Welt“, und ist Montag früh ohne große Worte, wie nach einem harmlosen Wanderausflug, pünktlich zurück in der Fabrik.
Hart zu sich, aber auch hart zu den anderen: als Trainer. Die Schweizer Skiasse führte er zu 28 WM- und Olympiamedaillen (!).
Als ärgster aller Machos, übrigens. Umso verblüffender, dass ihm Alpinchef Hans Pum – mit Weitblick – später den Job als Damentrainer anbot. Frehsners Anfangsrede: „Frauen können im Hochleistungssport wesentlich mehr, als sie sich selber zutrauen!“
Und er hatte Recht. Besonders der Winter 1998/99 hallte wider von österreichischen Skitriumphen: mit 20 : 19 Siegen sogar besser als die Herren, was Alexandra Meissnitzer und Co. alles gewannen, war gigantisch.
Dank dem „eisernen Karl“, dem harten Hund.
Dafür hat sein Techniktrainer Mathias Berthold den schönsten Schlittenhund im Skizirkus: sibirischer Husky, weiß-blaue Augen, heißt *Danny,* laut Stamm-

baum Chucuna of Chayenne Wyo – steht für den US-Bundesstaat Wyoming.
Berthold stammt aus Gargellen, ging aber bald als hochtalentierter Slalomläufer und „Trainingsweltmeister“ nach Amerika, wurde Profiweltmeister. Und entdeckte nicht nur die Dollars, sondern auch die Huskys.
„Ein Freund von mir hatte viele Huskys – 15 von ihnen kamen als Schlittenhunde nach Vorarlberg: ins Klostertal, nach Dalaas.“
Seinen *Danny* aber fand Mathias bei einem Innsbrucker Züchter: über ein Zeitungsinserat. „Ich hatte vorher Bücher gelesen und wusste schon, was ich mir aussuchen konnte: Nimmst du den Jüngsten oder den Lebhaftesten? Den Ruhigsten oder Wildesten aus dem Rudel? Der Ruhigste wird zerzaust, ist meist der, der ins Gras beißt ...“
Mathias wählte den Richtigen und hat es nie bereut. Aber auch gelernt: „Einen Husky musst du dauernd beschäftigen. Wenn die einen Schlitten nur sehen, drehen sie schon durch – vor lauter Gaude.“
Also springt der Trainer oft als Schlitten ein und trainiert mit *Danny,* „immer das Geschirr vorgespannt. Wir laufen im Sommer auf die Berge. Natürlich nur früh und abends – wenn's nicht zu heiß ist.“
Und niemals zu High Noon. Auch wenn Chucuna of Chayenne, genannt *Danny,* aus Wyoming im Wilden Westen stammt.

Champion-Hunde

Hermann Maiers Puschel: bellt nicht, quietscht

Der Skizirkus hatte seine Sensation: der Prinz und der Farbige. Hubertus von Hohenlohe, der blaublütige Sohn von Alfonso von Hohenlohe und Ira von Fürstenberg, und Lamine Gueye, Sohn eines afrikanischen Diplomaten, Skilehrer im Club Med, stiegen in den Weltcup ein.

Ausgerechnet in Kitzbühel, auf der weltberühmten Streif, von der man sagt: „Sie ist wie ein böser Hund. Du musst sie dauernd attackieren, darfst ihr nie den Rücken drehen – sonst beißt sie dich!“

Erstes Training: Prinz und Farbiger beobachten die großen Stars beim wilden Sprung in die Mausefalle. Mit jedem Sprung wird Hubertus blasser, der Farbige kleinlauter.

Plötzlich bricht er das Schweigen und fragt leise: „Hubertus, glaubst du an Gott?“ Hubertus bejaht. Minuten später bohrt Lamine weiter: „Und glaubst du, dass Gott weiß, dass du an ihn glaubst?“

Aber sie müssen, wenn sie das Rennen mitfahren wollen, an den Start und dann gnadenlos hinunter.

„Weißt du“, gesteht der Afrikaner, „als ich in Paris in meinem Appartement vorm Fernsehapparat saß, träumte ich von Kitz und der Mausefalle. Jetzt bin ich in Kitz, träum von Paris, meinem Appartement, meinem Fernseher ...“

Früher gab es im Weltcup Punkte nur für die ersten zehn. Wer seinen ersten Punkt ergatterte, bekam immer Ratschläge: „Kauf dir einen Hund, damit er auf deinen Weltcuppunkt aufpasst.“

Jetzt gibt es Punkte für die Ränge 1 bis 30. Und entsprechend mehr Hunde im Skizirkus.
Zum Beispiel *Aron:* zwar ohne Startnummer, aber immer mit korrekter Akkreditierung – samt Foto – am Halsband. *Aron* ist ein Schäfer-Chihuahua-Mischling, gehört zur ZDF-Fernsehcrew und ist fixer Bestandteil des Weltcupzirkus – wie Hermann Maier, der Superstar.
1990 arbeitet Hermann noch am Bau. Schleppt Zementsäcke, schupft Ziegel und kommt so zu seiner mörderischen Kraft. Als ein Maurerkollege auf Sommerurlaub fährt, bittet er den Hermann: „Kannst du zwei Wochen auf meinen Chinchilla aufpassen?"
Natürlich kann Maier. Aber seine Mama ahnt bereits: „Den gibt der Hermann nie mehr her …"
Er tauft ihn *Puschel* und verwöhnt ihn jetzt schon fast acht Jahre. „Mein Chihuahua", sagt er immer und fragt jedes Mal, wenn er vom Skirennen heimkommt: „Der *Puschel* hat schon wieder abgenommen – gebt's ihr ihm nicht genug zu essen?"
Am liebsten würde er ihn in seine berühmte Kraftkammer nach Obertauern mitnehmen – samt Käfig.
Viele fragen: Welches erstaunliche Tier hat der „Herminator" wirklich? Chihuahua ist ein Hund, der bellt, Chinchilla ein Pelztier.
„Das nicht bellt", grinst Maier, „aber hie und da quietscht."

PR-Genie Manfred Kimmel, der „Mann hinter Maier" und guter Geist des ÖSV-Skiteams, hat sich aus einer Salzburger Zucht einen wunderschönen Labrador zugelegt.
Und will ihn *Anton* nennen, „damit sich der Toni Giger, der neue Cheftrainer, ein bissl ärgert".

Aber Giger riecht rechtzeitig Lunte und droht Kimmel: „Wenn du das wirklich tust, kauf ich mir sofort einen Ratz und tauf ihn Manfred!“
Jetzt hilft nur noch ein Kompromiss: Der Kimmel-Labrador heißt *Johann-Anton.* „Weil damit auch unser Alpinchef Hans Pum eingeschlossen ist – und der Giger wenigstens als zweiter Name.“

Der kernige Alemanne Jürgen Schenkenbach, früher jahrelang Präsident des geheimnisvollen „Sackelpicker-Clubs“ und Rennleiter des Kästle-Teams, heute beliebter ORF-Star im Ländle, hat zu Hause einen Dackel. Er heißt *Karl-Wolfgang,* nach zwei bekannten Skireportern, „weil er klein ist wie der Karl und faltig wie der Wolfgang“.

Robert Seeger hatte jahrelang den Rauhaardackel *Lisa.* Nicht als Cokommentator im Fernsehen, sondern als echtes Familienmitglied.
„Mein Sohn Robert hat sich unbedingt ein Tier gewünscht. Also: auf nach Gloggnitz. 15 Hunde lagen still und ruhig da, nur einer war besonders lebhaft. Den haben wir gleich mitgenommen, wie ein Kind großgezogen.“
Elf Jahre lang lebt *Lisa* im Seeger-Haushalt wie ein Mensch mit. „Springt um 7 Uhr früh ins Bett, sitzt beim Essen mit am Tisch – und auf dem Sofa vorm Fernseher.“ Nicht nur, wenn Sturm Graz spielt – bis zur Dackellähmung. „Wir haben alle fürchterlich gelitten.“

Günter Mader hätte ein großes Herz auch für Tiere. „Aber weil meine Tochter und ich allergiegefährdet sind, haben wir leider keine.“

Deftiger reagiert Hans Knauss, sonst immer der Sonnyboy unseres Skiteams: „Mir genügt schon, wenn der Hund vom Nachbarn dauernd in unseren Garten scheißt.“ Wer behauptet da noch, Hundekot wäre ein spezielles Wiener Problem?

Auch im Schnee zu Hause: Michael Schumacher mit Schlittenhund in Madonna di Campiglio. In der Nähe von Oslo hat er eine Skihütte.

Mutige Hunde

Jana als Paragleiter, Chivas im Hungerstreik

Das meistgesehene ORF-Fernsehprogramm seit Einführung des Teletests (1991) war eine Sportübertragung: WM-Abfahrtslauf der Damen 1999 in Vail, Colorado.
2.337.000 Österreicher und Österreicherinnen erlebten damals live den vierfachen Triumph durch Renate Götschl, Michaela Dorfmeister, Steffi Schuster und Alexandra Meissnitzer.
„Wie viele Einwohner hat Österreich?", fragte mich damals der frühere „Crazy Canuck", der kanadische Downhiller Ken Read, heute IOC-Mann und TV-Kommentator.
„Mehr als 7,5 Millionen", sagte ich.
Kenny grinste: „Und was haben die anderen 5 Millionen Österreicher gemacht?"
Neben mir – in der ORF-Übertragungskabine – saß Katharina Gutensohn.
Parallelslalom vor Mikro und Kamera. Auch da fährt die Tirolerin meist eine direkte, freche Linie – wie früher als Skirennläuferin, als sie ihre acht Weltcupsiege noch zwischen zwei Skiverbänden gerecht aufgeteilt hat: je vier für den ÖSV und den DSV.
In ihrem Taufschein steht Katharina, wir Reporter nannten sie jahrelang Kathrin, sie selber heißt am liebsten Kagu – aber am wichtigsten ist ihr *Jana,* ihr zweiter Hund.
Der erste, eine reinrassige Dachsbracke, also ein Jagdhund, ist nur sechs Jahre alt geworden.
„Worauf wir beschlossen: Unser nächster Hund ist

ein Mischling. Die sind nicht nur quietschfidel – die leben auch länger."

Von *Jana* kennt Kathrin nur die Mutter: „Auch ein Mischling, jetzt 14 Jahre alt. Mit zehn bekam sie noch einmal Junge." Das war, als Vater Gutensohn seine immer noch todtraurige Tochter ins Auto setzte: „Wir müssen wohin fahren – ich muss dir etwas zeigen."

Katharina hatte längst Verdacht geschöpft, als ihr drei Welpen entgegensprangen. Alle drei haben total verschieden ausgeschaut: einer weiß, einer schwarz, einer braun. „Der weiße mit einem schwarzen Auge wie eine Augenbinde. Darum nannten wir ihn auch *Pirat.*" Hätte natürlich auch *Capt'n Huck* heißen können.

Und da war noch *Jana* „mit einem weißen Stern auf der Brust: wie der Atomic-Stern. Die hab ich genommen."

Totale Geborgenheit: Katharina Gutensohns Hundebabys.

Jana – vor dem Paragliding mit Katharina Gutensohn.

Katharina wollte auch *Pirat* behalten, aber die Mama entschied resolut: „Zwei Hunde im Haus sind zu viel, wennst eh nie da bist." Das Mädel heulte Rotz und Wasser, als *Pirat* nach Bayern weitergeschickt wurde. „Weil ich so eine Bindung gespürt habe." Der Dritte im Bund, der schwarze, kam nach Landeck. „Ich hab ihn ein paarmal noch gesehen."
Eine mutige Sportlerin braucht auch einen coura-

gierten Hund. *Jana* macht alles mit, sogar das Paragleiten! Zirka hundert Flüge hat die Tirolerin schon hinter sich – etwa zehn davon mit ihrem Hund.
Anfangs rennt *Jana* noch den Berg runter, während das Frauchen oben im Himmel ihre Kurven zieht – aber dann fliegt der Hund bald selber mit.
Zu zweit geht's hinauf in 3000 Meter Höhe. Wenn Katharina den Schirm auflegt, „schimpft *Jana* bereits. Aber dann genießt sie den Flug." Vor der Pilotin angeschnallt, also wie beim Tandemspringen.
„Wirklich ein Ausnahmehund. *Jana* schaut gern raus, ganz wissend und gescheit, legt im frischen Wind neugierig die Ohren an, wenn alles pfeift – aber zirka 50 Meter vor der Landung wird sie immer unruhig. Da will sie schon raus, weil sie den Boden spürt."
Zehn Paraglidings mit Gutensohn: *Jana* verdient sich langsam auch ein Sportabzeichen.
Auch beim Mountainbiken: Den Berg hinauf läuft sie, hinunter sitzt sie auf der Lenkstange.

Anita Wachter wollte als junges Mädchen vieles werden: Stewardess, Lokomotivführer, Fernfahrer, Hebamme – sogar Tierärztin. Heute hat sie ein großes Herz nicht nur für ihren Rainer, sondern auch für ihren *Chivas.* Und dessen Bruder *Amor* – wie der Liebesgott.
Amor ist die gleiche Rasse wie *Chivas,* hat den gleichen Vater, kam nur einen Wurf früher – und gehört Anitas Dauerfreund Rainer Salzgeber.
Spitzensportler sind oft auf Trainingslager, Wettkampfreisen, Überseetourneen – wie reagieren die zurückgelassenen Hunde? Mit Depressionen.
Die sich so auswirken: Anita Wachters *Chivas* frisst

nichts. Er tritt in Hungerstreik, verliert jeden Appetit. Anitas Eltern füttern ihn, aber *Chivas* rührt kaum einen Bissen an – solange sein Frauchen nicht wieder zu Hause ist. Und tritt sogar total in Hungerstreik.
Rainer ist genauso viel weg wie Anita – was beim sensiblen *Amor* die gleichen Depressionen auslöst. „Mein Vater stellt ihm das Fressen hin, aber er mag nichts." Genau wie *Chivas* – als hätten sich die beiden Hunde abgesprochen. Sie fressen erst, wenn Anita und Rainer wieder nach Hause kommen. Mit einem Pokal – oder einem Knochen.

Der feschen Karin Köllerer haben manche Skitrainer so lang eingeredet: „Du bist eine Trainingsweltmeisterin", bis sie es selber geglaubt hat. Und Millionen Skifans auch.
Aber ihren wichtigsten Trainingspartner kennt keiner: den 13-jährigen Haflinger *Sindy*. Nicht benannt nach Cindy Crawford mit dem Muttermal, nicht nach der Exabfahrtskanone Cindy Nelson, schon gar nicht nach Cinderella = Aschenbrödel, sondern *Sindy* mit S, „weil der Opa nicht gut Englisch kann".
Von Oberalm, wo sie mit dem norwegischen Exsuperläufer Attle Skardaal zusammenwohnt, nach Weitenau bei Kuchl braucht Karin 20 Minuten. Dort holt sie ihren *Sindy* aus dem Stall und rennt mit ihm, wieherndes Konditionstraining, in die Salzburger Berge.
„Ich lass *Sindy* immer frei laufen, sogar unten auf der Straße. Er ist überhaupt nicht autoscheu. Und in den Bergen der beste Trainingskamerad. Wenn ich lauf, galoppiert auch er, wenn ich stehen bleibe, hält auch er. Und wenn ich mich versteck, wird er ganz hysterisch – bis er mich findet."

Parallelslalom: Anita Wachter und ihr Chivas.

Karin Köllerer reitet auch manchmal, „aber sonst ist *Sindy* für mich wie ein Hund. Hunde sind kleine Pferde, Pferde sind große Hunde …“

Eine echte Ratte hat Michaela Dorfmeister, die Stimmungskanone im Damenteam, die 1998 in Nagano nur eine lächerliche Tausendstelsekunde an der Goldmedaille vorbeigeschrammt ist – für die Michi längst Schnee von gestern.
Die Ratte, die den Dorfmeister-Haushalt teilt, heißt *Cindy.* Und ihr neuer Freund stellt sich gern so vor: „Ich bin der, der auf die Ratte aufpasst, wenn die Michi auf Trainingslager oder beim Rennen ist." Reagieren Ratten auf Trennung wie Hunde?

Hoch zu Ross: Karin Köllerer mit Sindy in Oberalm.

Slalom-Hunde

Tomba und sein Husky, Ghedina und Sissi

Unsere liebsten Skifeinde sind seit Jahren die Norweger. Wenn schon die Österreicher nicht gewinnen können – bei den sympathischen Norskern tut es uns am wenigsten weh.
Es ist auch die tierfreundlichste Mannschaft: So viele Hunde wie die Norweger hat kein anderes Skiteam. Treue wird dort groß geschrieben.
Lasse Kjus und Kjetil-Andre Aamodt kennen einander ewig. Zusammen aufgewachsen, gemeinsam in den Skirennsport eingestiegen, zusammen groß geworden.
„Über zehn Jahre reisen und leben wir schon zusammen. Jedes Jahr den ganzen Winter im Doppelzimmer", klagt Lasse, als würde er sich beschweren.
„Aber seit du so viel trainierst und so fett geworden bist, hab ich gar keinen Platz mehr", blödelt Aamodt.
Einmal schauen die beiden „Super-Elche", nebeneinander im Bett sitzend, Fernsehen – bis plötzlich das Live-Bild von einer öffentlichen Startnummernauslosung kommt. Woraus beide blitzartig hochfahren: „Müssen wir nicht auch dort sein?!"
Lasse und Kjetil leben, wie sie erzählen, „wie ein altes Ehepaar. Schauen gemeinsam Fernsehen, wissen schon gar nimmer, was wir noch reden sollen – weil wir in zehn Jahren schon alles besprochen und durchgekaut haben. Gut, dass jetzt neue, junge Rennläufer in unser Team kommen. Die bringen frischen Wind, haben neue Ideen …" Auch neue Hunde?

Im Sommer 1998 verzichtet Lasse Kjus auf sein liebstes Hobby – schnelle Motorboote. Und baut sich stattdessen ein Sommerhaus an der Küste, nicht weit von der schwedischen Grenze. Vorbild: Maier, der Maurer.
„Weil Hermann früher am Bau so viel Kraft gewonnen hat, sag ich mir: Ich tu genau das Gleiche!“ Kjus schleppt Zementsäcke, baut Steinmauern und Wände – und kommt kraftstrotzend in den Weltcup. Leider auch traurig:
Lasse hatte einen Boxer, der zwei Wochen vor dem Weltcupauftakt 1998 an Krebs starb; zwölf Jahre alt.
Finn-Christian Jagge, der nur noch Slalom fährt, hat als Tierfreund schöne Erlebnisse. Zu Hause hat er einen eigenen Zoo: zwei Hunde – den Irish Setter *Trenta* und den English Setter *Mysty.* Dazu Goldfische, drei Katzen, ein paar Vögel.
„Sie vertragen sich untereinander alle perfekt. Und ich hilf meiner Frau Anneken, die Psychologie studiert, natürlich mit den Tieren.“
Vor drei Jahren eine böse Schrecksekunde: Ein Jagdhund war weggelaufen und später auf der Landstraße tot aufgefunden worden – überfahren.
Tom Stiansen, Slalomweltmeister von Sestriere 1997, ist der Sohn eines berühmten Eisschnellläufers – der als erster den Laufstil mit dem in den Kurven eingehakten inneren Daumen erfunden hat. Seine Freundin Hanne, früher Polizistin, jetzt Apothekerin, passt auf den Hund auf, wenn Tom im Skizirkus unterwegs ist. *Lea,* eine Dackeldame, von Freunden übernommen.
„War mit einem Jahr noch immer nicht zimmerrein“, berichtet Tom Stiansen – ihr stummer Protest gegen das ewige Wegfahren?

Ole-Christian Furuseth hat aus dem Zwinger von Kennel einen fünfjährigen Flat-Coat, der *Julie* heißt. Ehefrau Linda studiert Staatswissenschaften – und ein bisschen Hundepsychologie.
Bleibt Hans-Petter Buraas, der Slalom-Olympiasieger von Nagano 1998 mit der dauernd wechselnden Haarfarbe: zwischen Pechschwarz und Pumuckl-Rot. Keine Hunde. Aber Freundin Marte hat ihm jetzt wenigstens eine Katze gekauft.

Der blonde Slalomkünstler Bojan Krizaj – jahrelang Ingemar Stenmarks großer Gegner – hatte schon immer Rottweiler. Derzeit sogar drei. Das verlangt entsprechenden Auslauf.

Slalomweltmeister auf Trockenkurs: Tom Stiansen mit Dackeldame Lea.

Was tut Krizaj? Der kauft doch glatt die geschichtsträchtige Tito-Villa mit Swimmingpool, zwei Tennisplätzen und sogar einem 3-Löcher-Golf-Course im Wert von sagenhaften 30 Millionen Schilling!
So weit, so gut, so teuer. Doch Krizaj hat Pech: Die Sicherstellung für den Bankkredit hat die falsche Bank übernommen, weshalb der Kredit platzt. Schade für Bojan, seine Familie und die drei Rottweiler. Wie sagten die Skikommentatoren doch früher immer? Eingefädelt, aus der Traum.

Alberto Tomba 1994 mit Pokal und seinem Husky – diese Bilder vom Riesenslalom-Klassiker aus Alta Badia gingen um die Welt. Aber auch jene, wie er nach seinem 50. und letzten Sieg in Crans-Montana 1998 den Schnee küsste.

Alberto Tomba hat überall seine Fans, auch vierbeinige.

So lässt sich's leben: Alberto Tomba auf Ferien im Fassa-Tal. Fürs TV spielt er jetzt auch Polizisten – ohne Rex.

Dagegen ist Paolo de Chiesa – ein toller Slalomartist aus der Ingemar-Stenmark-Ära – der vielleicht beste Weltklasserennläufer, der nie ein Weltcuprennen gewonnen hat. Trotz weit mehr als 100 Starts, zwei Ehefrauen und drei Hunden.

Hund Nummer 1, der braune *Pepe,* war einmal zwei Tage lang im Haus in Saluzzo bei Turin eingesperrt, und als die Tür auffliegt, ist er weg – nie mehr wieder gefunden.
Seinen Hund Nummer 2, den schwarzen Mischling *Pepa,* findet de Chiesa auf der Straße. „Von da an sind wir unzertrennlich!"
Paolo hat *Pepa* im Rucksack mit, wenn er Skitouren macht, beim Training – und sogar bei den Weltcuprennen. „Ein unheimlich gescheiter Hund, viel intelligenter als ich. Er erkennt mich jedes Mal ..."
Nicht an der Startnummer, nicht am Dress, nicht am Fahrstil. „Sondern am Schnaufen!", erinnert sich de Chiesa lächelnd. „Daniella hat das alles genau mitgekriegt: Jedes Mal, wenn ich durch die letzten Slalomtore brause, ist *Pepa* ganz aufgeregt, springt auf und bellt – und dann ist er nicht mehr zu halten."
Hunde, sagt man, können bis zu 600-mal besser riechen als Menschen. Hören offenbar auch. Denn jeder Skirennläufer hat einen anderen Atemrhythmus, eine andere Frequenz, wenn er ausgepumpt ins Ziel kommt. „Aber *Pepa* hat sich kein einziges Mal geirrt."
Hund Nummer 3 kam mit Ehefrau Nummer 2, Simonetta. „Mein erster reinrassiger Hund, ein Deutscher Schäfer. Heißt *Bull,* weil er so groß ist wie ein Stier, heute sieben Jahre alt."
Der *Bull*-Vater hieß Bach von Unegrobb „und war irgendwo Weltmeister", weiß de Chiesa. „Darum tut es mir auch nicht weh, dass ich selber keinen Titel gewonnen hab – Hauptsache, mein Hund."

Einer der populärsten im Skizirkus, den alle mögen und dem keiner je einen Sieg geneidet hat, ist Kris-

Den Hund im Rucksack: Paolo de Chiesa, früher Stenmarks großer Gegner, jetzt TV-Kommentator.

tian Ghedina aus der prachtvollen Dolomitenstadt Cortina d'Ampezzo. Aufgewachsen im Schatten der Tofana, wo Sylvester Stallone sein berühmtes Bergdrama „Cliffhanger" gedreht hat.
Aber die Märchenkulisse täuscht: Kristian hat als Bub seine Mutter durch ein Lawinenunglück verloren. Ein fürchterlicher Schock. Um ihn zu überwin-

Unzertrennlich: Kristian Ghedina mit Schäfer Sissi.

den, schickte man Kristian in die Klosterschule nach Lienz – daher spricht er auch so gut Deutsch.
Trotz aller Schicksalsschläge – schwerer Unfall auf der italienischen Autostrada, wochenlang im Koma – ist Kristian Ghedina ein großes Kind geblieben. Versprüht immer totale Lebensfreude, beste Laune. Kann sich über Siege freuen wie kein anderer. Und liebt seine Hunde: als Spiel- und Trainingsgefährten. Bis jetzt schon vier Hunde.
„Als sechsjähriger Bub bekam ich den ersten: den

Der einzige Hund, der Moto-Cross fährt: Sissi mit dem lebenslustigen Abfahrtsstar aus Cortina.

kleinen Cockerspaniel *Pepe*. Er wollte immer frei sein – darum ließ ich ihn auch wild herumlaufen. Nach zwei Jahren hat ihn ein Jäger erschossen." Ein tiefer Seufzer.

Mit 15 kam der Pastore belga, der schwarze Belgische Schäferhund *Jen,* zuletzt ein „Bracco": der Jagdhund *Dick*.

Aber Kristians absoluter Liebling ist die Deutsche Schäferhündin *Sissi,* nicht direkt benannt nach der ehemaligen Kaiserin. Aber *Sissi* stammt aus einer Zucht in Friaul – und das gehörte ja bekanntlich auch einmal zu Österreich.

„*Sissi* ist jetzt neun", erzählt Kristian. „Und wenn ich bei den Rennen oder im Trainingscamp bin, passt mein Vater auf sie auf. Gibt ihr auch zu fressen. Aber wenn ich nach Cortina heimkomme, wartet sie schon immer sehnsüchtig auf mich. Dann spielen wir Ball, machen jeden möglichen Blödsinn, gehen in die Berge laufen. Ich trainiere mit ihr. Oder sie mit mir ..."

Ein Ghedina-Foto kennt die ganze Welt: Wann immer Kristian gewinnt, setzt er seinen jubelnden kleinen Halbbruder auf die Schulter. Das zweite Foto sehen Sie hier, liebe Tierfreunde: Abfahrtsstar Ghedina und Schäferhündin *Sissi* fahren Moto-Cross.

Treue Hunde

Chicca findet ihre Rosi Mittermaier überall

Lasse Kjus hat bei der Ski-WM in Vail auf gigantische Weise Skigeschichte geschrieben: der Erste, der in allen fünf Bewerben eine Medaille gewann!
Den früheren totalen Triumph – Sieg in Abfahrt, Slalom und Riesenslalom – hatten nur zwei geschafft. Toni Sailer 1956 in Cortina, Jean-Claude Killy 1968 in Grenoble.
Aber diese Sternstunde hätte man auch Rosi Mittermaier bei der Klammer-Olympiade 1976 in Innsbruck vergönnt: Gold in Abfahrt und Slalom, bloß im Riesenslalom fehlten ihr 12 Hundertstel.

Skikönigin Rosi Mittermaier mit ihrer Chicca.

12 Hundertstelsekunden – nicht einmal ein Hundeschnaufer.
Die Rosi von der Winklmoosalm bei Reit im Winkl: blitzsauber, rote Wangen, kecke Zöpfe. Kein Wunder, dass der Partenkirchener Arztsohn Christian Neureuther schon um die 14-jährige Rosi gekämpft hat wie um einen Kippstangenslalom.
Das deutsche Traumpaar heute: längst verheiratet, unverändert happy, blühende Geschäfte, populär im Fernsehen – und die Kinder fahren auch schon Skirennen. „Nur eines hat ihnen lang gefehlt: ein Hund."
Aber nicht ewig. Oben auf der Winklmoosalm lebte Schäfermischling *Leika,* „schon elf Jahre alt. Viel zu spät, um noch aufzunehmen, haben wir alle geglaubt", grinst Neureuther heute. „Aber einmal haben wir nicht aufgepasst. Oben auf der Alm gibt's auch einen netten, feschen Schäferhund – und schon war's passiert."
Stolze Hundemama mit elf Jahren: *Leika,* die Spätgebärende. Ein einziger Welpe, aber stramm und gesund. Große Freude auf der Winklmoosalm: heile Welt, jetzt noch einen Hauch perfekter.
„Das Hundebaby sollte eigentlich anders heißen, aber dann entschieden wir uns für *Chicca,* wegen dem ‚ka' am Ende. Damit *Leika* auch im Namen noch ein bissl weiterlebt."
Chicca ist natürlich der Liebling der Mittermaier-Neureuther-Kinder. „Ein absoluter Traumhund, jetzt sieben Jahre alt, immer Mittelpunkt, absolutes Herzstück unserer Familie. Sucht und findet uns überall, sogar im Zielgelände der Weltcuprennen in Garmisch-Partenkirchen – schnuppert halt so lange an den Skischuhen und Moonboots im Zielraum, bis sie uns findet."

Einmal führen Rosi und Christian eine Gruppe von Freunden auf die Skihütte oberhalb des Gruchbergs. „Und als wir oben ankommen – wer empfängt uns dort schon schwanzwedelnd? Die vorausgelaufene *Chicca!*"
Was sind dagegen schon zwölf Hundertstel im Olympia-Riesenslalom ...

Willy Bogner ist ein Star in vielen Dimensionen. Erstmals berühmt geworden, als er 1960 mit hoher Startnummer die Lauberhornabfahrt gewann, in Squaw Valley im Olympiaslalom nach dem ersten Durchgang führte.
Für einen James-Bond-Film drehte er später die spektakuläre Ski-Verfolgsungsjagd in Cortina. Seine Sportfilme wie „Feuer und Eis", seine Skimodeschauen: so ungewöhnlich wie sein Hund.
Keine Mischung aus Sport und Show. Sondern ein echter Mischling. „Den hab ich 1997 aus Kalifornien nach Deutschland mitgebracht und *Corona* getauft. Weil er die Farbe und die Form dieser Bierflasche hat."
So spaziert *Corona* durch München und Garmisch. Als würden in Kitzbühel und Wien lauter kleine „Schwechater", „Ottakringer" oder „Gösser" herumlaufen.
Im Zielraum der großen Skirennen geht es oft turbulent zu: beim Wettstreit der Fanklubs, mit Kuhglocken und Transparenten. Aber oft grenzüberschreitend.
Martina Ertl hat einen Schweizer Fanklub, der ihr 1994 sogar einen Hund als Talisman schenkte. Natürlich einen Berner Sennenhund – er heißt *Leila.* „Als Trainingspartner ein eher fauler Hund. Nur

wenn ich langsam laufe, rennt er mit. Sonst streikt er."

Die Schweizer Rennläufer haben keine Hunde. Michael von Grünigen, der Riesentorlauf-Weltcupsieger, ist am elterlichen Bauernhof in Schönried aufgewachsen – mit Kühen, Ziegen und Schweinen.

Wie sagte doch Sir Winston Churchill? „Der Hund schaut zu dir empor, die Katze schaut auf dich herab – das einzige Tier von allen, das dich ebenbürtig anblickt, ist das Schwein."

Die sagenhafte „Churchill-Villa" an der Riviera, von den Windsors jedes Jahr traditionell Sir Winston als Sommerresidenz überlassen, hat jetzt Gerhard Berger gekauft. Ohne Hunde, Katzen und Schweine, aber mit eigenem Tennisplatz aus den „Roaring Twenties" und Swimmingpool.

Das „Victory"-Zeichen gilt dort nicht und „no sports" schon gar nicht.

Dr. Marc Hodler, der langjährige FIS-Präsident, hat niemals andere angepinkelt – bis er den Korruptionsskandal um die Vergabe der Olympischen Winterspiele aufdeckte.

Ein Rekord-Präsident: Von 1952 bis 1998, volle 46 Jahre lang, an der Spitze des Internationalen Skiverbandes – beständig und kontinuierlich wie kein Zweiter.

Auch bei seinen Hunden: Hodler hatte immer ausgefallene russische Schäfer- und Hirtenhunde, meist als einziger in der ganzen Schweiz.

Sein Nachfolger Gianfranco Kaspar verfolgt konsequent eine andere Linie: Deutsche Schäferhunde, *Adar* und *Arco*.

Promi-Hunde

Hunde haben schon an Karrieren mitgestrickt

Als Niederösterreichs Landeshauptmann Erwin Pröll wieder einmal eine wichtige Wahl gewonnen hatte, kam das herzlichste Glückwunschtelegramm aus Kleinarl: „Kein Wunder! Die Prölls gewinnen immer ..."
Absenderin: Annemarie Moser-Pröll, die erfolgreichste Skirennläuferin aller Zeiten mit 63 Weltcupsiegen – und die sind auch für einen Landeshauptmann eine starke Vorgabe.
Aber: Während es am Pröll'schen Bergbauernhof schon immer zuging wie bei einer Verfilmung von „Brehm's Tierleben", war der Politiker-Haushalt in Radlbrunn 20 Jahre lang ohne Haustiere. Bis der fünfjährige Bub den Dackel *Sepp* heimbrachte, der leider sehr jung starb – Zwerchfellriss.
Seppl wurde – mit allen behördlichen Genehmigungen – im Garten begraben. „Wir haben alle geheult wie die Schlosshunde."
Aber dann musste ein Nachfolger her: direkt aus einer Zucht vom Semmering, wo gerade ein Wurf von Schweißhunden-Welpen angekommen war.
Sechs Welpen lauerten voll Vorfreude. „Jeder Einzelne der sechs wollte Landeshaupthund werden!" Logischer Vorgang der Pröll-Familie: „Wir nehmen den, der uns als Erster entgegenspringt."
Und das war *Tobi*. Fröhlich, lebenslustig, der beste Spielgefährte für die Kinder. Doch nach fünf Monaten riss ihm – fast tragische Parallele – beim Herumtollen das Zwerchfell. Die Pröll-Ehefrau, eine Kran-

kenschwester, schlug sofort Alarm, das Herrl ließ ein paar wichtige Termine platzen.
Zwei Stunden Notoperation, die ganze Familie bangte im Wartezimmer. Dann war *Tobi* gerettet.
In der Steiermark geht Erich Pöttl mit seinem Dackel *Waldi* fast täglich stundenlang ins Revier.
„Ihr Franz-Josef Hartlauer", der Fotokaiser aus Steyr, hält es dagegen eher mit Tobias Moretti: Auch sein Schäfermischling heißt *Rex*. „Aber da muss auch ein bissl Wolfsblut dabei sein, denn bei Vollmond heult und winselt er."
Hunde spüren alles. „Auch jedes Wetter", weiß der langjährige, populäre Fernseh-„Wetterfrosch" Carl-Michael Belcredi. „Hunde registrieren die elektromagnetische Aufladung der Luft, also vor Gewitter oder bei Föhn. Frauen haben dafür zwar auch ein gutes Gefühl – die Hunde aber doch den sichereren Instinkt."
Belcredi, als Privatpilot sehr wetterabhängig, weiß, wovon er redet.
Hunde stricken an Karrieren mit. Wenn man einen bestimmten TV-Star fragt: „Wie bist du eigentlich zum Fernsehen gekommen?", sagt er heute noch: „Über die Hundeleine vom Lazarowitsch."
Hans Heinz Lazarowitsch, damals Chefsprecher der „Zeit im Bild", war beim Gassigehen über die Leine seines Hundes gestolpert, hatte sich verletzt – und so bekam ein neuer Anchorman im Studio seine erste Chance.
Oder die Berliner Schauspielerin Johanna König, die uns 15 Jahre lang im rot karierten Hemd, mit weißer Latzhose, jeden Abend im Fernsehen deftig-fachmännisch erklärte, wie man Wäsche wirklich sauber wäscht. Richtig: Frau Klementine.

Den Job bekam sie, „weil einer meiner Hunde gerade Junge bekam. Darum stand ich sehr zeitig auf, nur damit ich beim Casting in Hamburg als Erste drankomm – es hat prompt geklappt“, erzählt sie im „Stern“.

Wenn Hunde Geschichte machen ... Willy Löwinger, Olympia-Eisschnellläufer 1936, Gründer der Österreich-Radrundfahrt, jahrelanger Präsident des Österreichischen Automobilsportclubs (ÖASC), hatte einen besonders schönen Cockerspaniel mit sehr gutem Stammbaum aus einer Zucht in Bad Ischl – genannt *Candy.*
Ein treuer Hund, der alles für sein Herl tat, nur eines verweigerte: Autofahren! „Er hat sich immer gewehrt, zu mir ins Auto zu steigen, und wollte nie im Auto sitzen.“
Bitter für einen Automobilpräsidenten, der das ganze Jahr auf Achse ist – und seinen Hund immer mitnehmen will. Für Löwinger ein Rätsel. Bis er den Grund herausfand: Der ursprüngliche Interessent war vom Kaufvertrag zurückgetreten, weil er einen Autounfall hatte, mit dem Welpen im Auto – und *Candy* war davongelaufen.
Aber langsam verblasste der Alptraum, und Löwinger-Freund Alfons Maluschka, damals „Kurier“-Verlagsdirektor, machte *Candy* sogar berühmt: „Borg mir deinen Hund für unsere neue Werbekampagne!“ Plakate und Anzeigen mit der Aufforderung: „Mach dich beliebt, bring den Kurier.“ Fotografiert in keinem Studio, sondern auf der Straße, direkt vorm Löwinger-Haus in Wien-Grinzing.
Der herzige Cockerspaniel mit der Zeitung im Maul war *Candy.* Und der gewann den ersten Preis für Plakatwerbung.

Leider wurde *Candy,* der Hundestar, nur sechs Jahre alt. Hat er zu oft den „Kurier" bringen müssen ...? Die Werbekampagne überlebte ihn und lief noch jahrelang weiter – aber wir sehen heute auch noch Filme mit Elvis Presley und Steve McQueen.
Candys Nachfolger auf der Löwinger-Bühne wurden der Dackel *Afra* und der zottelige ungarische Hirtenhund *Wischlap,* ein Geschenk des ungarischen Ministers Kiss. Von Löwinger an seine Exfrau nach Innsbruck weitergegeben, von dort an einen Bauern im Ötztal.
„Aber sogar wenn ich nach einem Jahr wieder auf Besuch kam – der Hund hat mich immer sofort erkannt!" Wahrscheinlich an Barack und an der Zigarre.
Die gute Seele im österreichischen Motorsport war jahrelang Udo Pöschmann – heute ein großer Mann in der Automobilindustrie. Dass man seinen Schäfer *Tigo* vergiftete, hat ihn jahrelang geschmerzt.
Bis Traude, die Lady seines Lebens, mit dem Zwerghaardackel *Piroschka (Piri)* auftauchte – ein Geburtstagsgeschenk.
Piri starb, erst sechsjährig, an einem „Sportlerherz". Wie hieß der berühmte Film mit Lieselotte Pulver? „Ich denke oft an Piroschka ..."

Mitten in einem spannenden Formel-I-Wochenende klingelte mein Handy: „Herr Prüller, hier ist die Tullner Hundeausstellung. Wir erwarten 30.000 Besucher. Können Sie bitte kommen und Autogramme geben?"
Obwohl ich den Verdacht hatte, dass die charmante Anruferin gar nicht mich, sondern *Grimaldi* gemeint hatte, ging ich natürlich hin – mit *Grimaldi.*

Ich hatte mir, wie viele, von Hundeausstellungen ein völlig falsches Bild gemacht: schrullige Herrchen und Fraulis, die ihren geliebten Vierbeinern fast schon ähnlich sehen. Stattdessen: erfrischend normale, dynamische Menschen mit sympathischen Hunden.
Und, unvermeidlich, eine Hundekonkurrenz mit Preisrichtern ähnlich dem Eiskunstlauf.
Die Reaktion der Hunde: cool bis aufgeregt.
Nur beim Tierarzt verhalten sie sich meist auffallend friedlich: kein Kläffen, kein Bellen, keine territorialen Fights.
Aber klar: Menschen, die beim Zahnarzt warten müssen, streiten ja auch nicht.
Interessant: Fast alle Ärzte haben Hunde. Und die Hunde vertrauen ihren privaten „Göttern in Weiß" natürlich doppelt.
Bei wechselseitigen Hausbesuchen aber ist Vorsicht geboten. Promi-Zahnarzt Dr. Peter Strangfeld, zu Gast beim bekannten Dermatologen Prof. Primarius Hubert Pehamberger, setzt sich höflich, nichts ahnend, auf die Couch – bis ihn ein Schlag der Dermatologenhand aufschreckt:
„Bist teppert? Das ist der Platz vom *Grano!* Wenn den jemand anderer einnimmt, das vertragt er net."
Grano, ein wunderschöner Rhodesian Ridgeback, wurde zehn Jahre alt und im Waldviertel begraben.
Strangfelds Langhaardackel heißt *Stoffel,* „weil er wie ein Stoffhund aussieht". Ein Geschenk von Alfred Böhm: Dessen Langhaardackel *Quickie* stammte aus der gleichen Zucht.
Als Rennfahrer-Evergreen Dieter Quester nach Florida übersiedelt, um in den USA Autorennen zu fahren, gestaltet er seine Villa in Wien-Grinzing

Gruß aus Hollywood: Goldie Hawn, Tierfreundin nicht nur am Welttierschutztag.

komplett um: neue Teppichböden, neue Tapeten, neue Vorhänge.

Zurück blieb *Miky,* sein 15-jähriger deutscher Kurz-

haar, und markierte jeden Zentimeter im umgestalteten Haus. *Mikys* stummer Protest – heute noch.
Elvis Presley sang „Hound dog“, Frederick Forsythe schrieb „Die Hunde des Krieges“, wir reden von „Hundstagen“, schimpfen aufs „Hundswetter“ und staunen oft über praktische Tierpsychologie.
Tiere fressen ja immer gern, natürlich auch Kater *Ferdi* und der Tricolor-Collie *Kuno* im Haus des Motorjournalisten Achim Schlang.
Damit wegen *Ferdis* Napf nicht gestritten werden kann, speist der Kater auf dem Küchentisch. Bis ihm zufällig einmal ein Brocken runterfällt – und natürlich sofort einen begeisterten Abnehmer findet.
Was macht der Kater daraufhin? Protestiert nicht, sondern schaufelt mit seinen Pfoten tagelang die besten Stücke runter zum Collie.
Der Kater, der den Hund füttert: Auch das gibt's. Aber es geht auch nobler.

Feinschmecker-Hunde

Werner Matt exklusiv: Rezept vom Haubenkoch

Ronald Reagan hat er bekocht. Arnie Schwarzenegger, Clint Eastwood. Der weltbekannte und vielfach preisgekrönte Haubenkoch (Executive Chef, Koch des Jahres 1985) des Restaurants „La Scala“ im Vienna Plaza Hotel ist nicht nur ein humoriger, sympathischer Mann, sondern auch ein großer Hundefreund.

Seine siebenjährige Rauhaardackelhündin *Cilly** liebt er abgöttisch und auf seine ganz spezielle Art.

Vilma Degischers und Hans Thimigs Tochter Hedwig Thimig ist Nachbarin und gute Freundin des Ehepaars Werner und Elke Matt. Sie ist auch Taufpatin von *Cilly*.

Als *Cilly* ins Haus der Matts kam, erklärte Hedwig fachkundig, wie man einem Hund das „Lacki machen“ am besten beibringt. Einfach Zeitungen in der Wohnung aufbreiten und rufen: „Lacki, Lacki, braaaav“.

Je größer die Zeitung, desto höher die Erfolgschance. So hat auch *Cilly* die Sache rasch erlernt. Und weil Dackel besonders clevere Hunde sind, behalten sie das Gelernte lange, oft viel zu lange, um nicht zu sagen ein Leben lang. Was nicht immer von Vorteil ist. Werner Matt pflegt am späten Abend, müde nach der vielen Kocherei, noch im Bett die Zeitung zu lesen. Legt die „Presse“ neben das Bett und beginnt, aus dem Bett herausgebeugt, die auf dem Boden aufgebreitete Zeitung zu lesen ...

So lange, bis die gut abgerichtete *Cilly* daherdackelt

Gourmet-Trio: Ehepaar Elke und Werner Matt mit Rauhaardackelhündin Cilly.

und ihre Notdurft über den gerade gelesenen Artikel verrichtet. „Ich habe gekocht vor Wut, aber was soll ich denn zu dem Hund anderes sagen außer ‚braaaav'?", schmunzelt Werner Matt heute, wenn er davon spricht.
Ebendieser so kluge Hund vollbrachte die gleiche Aktion dann noch einmal bei einem Zeitungsverkäufer in der Wiener Kärntner Straße, wo der Kolporteur seine diversen Publikationen zum Verkauf fein säuberlich auf dem Pflaster aufgelegt hatte. Diesmal hockte sich der Hund mit einem Satz auf einen Stapel „Kronen-Zeitungen".

Und schon war es passiert. Elke Matt konnte nur noch dem verdutzten Zeitungsverkäufer alle Exemplare – patschnass – abkaufen.

Cillys Lieblingsgericht

Wenn ein Starkoch einen Hund hat, so muss das Hundefutter natürlich auch einige Hauben haben. Hier also das Rezept von Werner Matt, Koch des Jahres, Doyen der österreichischen Küche:

½ l Wasser, 1 Stk. Karotte, 1 Stk. Hühnerkeule, 50 g Langkornreis– ergibt gesamt ohne Knochen 830 g.

Zubereitung: Die Karotte waschen und mit der Hühnerkeule im Wasser ca. 20 Minuten leicht kochen lassen. Die Hühnerkeulen und die Karotte herausnehmen, den Reis im Hühnerfond mit Deckel ca. 20 Minuten weich dünsten.
Das Hühnerfleisch von Haut und Knochen lösen und mit der Karotte, je nach Größe des Hundes, in kleine Stücke schneiden.
Das Ganze vermengen und handwarm servieren.
Tip: Das Gemüse enthält viele Vitamine. Der Reis ist wichtig für die Verdauung.

Gutes Gelingen!

Werner Matt

PS: Im Übrigen: Sollte *Frau* Matt für *Cilly* kochen, so muss Werner Matt persönlich das Hundefutter abschmecken.

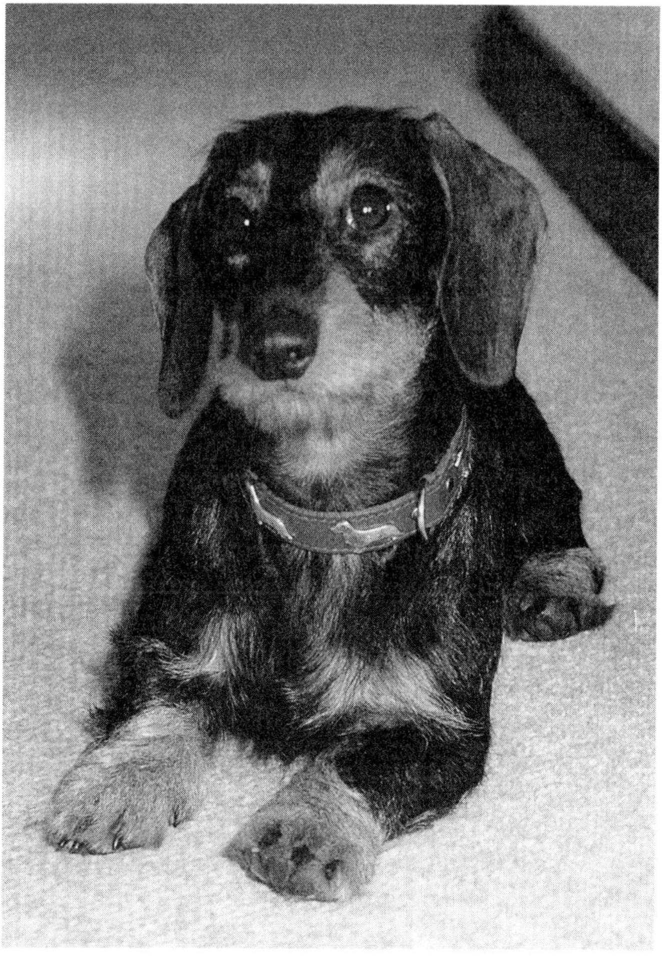

Gesund ernährt. Cilly wird von ihrem Herrl, Haubenkoch Werner Matt, exklusiv verwöhnt.

Hunde-Namen

Welcher Hund, welches Herrl – und für Sie?

Abschließend noch eine kleine Hilfe für Hundebesitzer: die Promi-Hunde von gestern und heute.
Sonderapplaus für Gaby Jacoby – die Tochter von Marika Rökk – für ihren „Verein der ausgesetzten Hunde". Die Künstlerin rechnet: „Ich habe in Griechenland mehr als 40 Mischlinge gerettet."
Wer zählt die Hunde, kennt die Namen?
Marianne Mendt – ein echter Austro-Star von der „Glock'n, die 24 Stunden läuft" bis zum „Kaisermühlen-Blues" – hatte immer ein Riesenherz für Hunde. „Den ersten Dobermann, eigentlich eine Doberfrau, nannte ich *Dobi* – ich gib zu: nicht sehr originell. Mein jetziger, aus dem Tierschutzheim geholt, heißt *Juny*. Weil ich glaube, er ist im Juni geboren ..."
Aber so, wie heute längst nicht mehr alle Buben Hansi, Pepi oder Karli getauft werden, werden auch nicht mehr alle Hunde Waldi oder Wuffi gerufen.
„Altkaiser" und Bundeskanzler Dr. Bruno Kreisky nannte seine Boxerhunde immer nach Figuren aus Nestroys „Talisman", auch wenn *Aki, Ali, Cäsar* oder *Pascha* typische Boxernamen sein könnten.
Im Haus der Familie Leodolter hielt man immer sehr viel auf Tradition. „Alle unsere Dackel hießen *Niki* – und wurden einfach nur nummeriert."
Darum unsere abschließenden Tipps für künftige Hundebesitzer: Wenn Sie für einen Traumhund einen passenden Namen suchen – auf den folgenden Seiten ist er sicher dabei.

Abbey	Labrador	Nigel Mansell	Formel-I-Weltmeister
Acbar	Schäfer	Wolfgang Steinmayr	Radsportidol
Adar	Dt. Schäfer	Gianfranco Kaspar	FIS-Präsident
Afra	Dackel	Willy Löwinger	ÖASC-Präsident
Aika	Schäfer	Oliver Freund	Rapid-Fußballer
Ajax	Schäfer	Sportlerfamilie Sykora	
Aki	schwarzer Scottish Terrier	Umberto Agnelli	Juventus-Präsident
Akiro	Husky-Malamut	Michael Wagner	Austria-Fußballer
Alato	Dt. Schäfer	Benetton-Familie	
Alice	Golden Retriever	Andy Herzog	Fußball-Teamkapitän
Allegra	Labrador	Rubens Barrichello	Formel-I-Pilot
Amor	Yorkshire-Malteser	Rainer Salzgeber	Skirennläufer
Amor	Boxer	Buffi Ettmayer	Fußballstar
Angus	Springer-Spaniel	Frederik af Petersens	Formel-I-Reporter
Anka	Husky	Johnny Ramhapp	Rapid-Zeugwart
Apache	Terrier	Audrey Hepburn	Weltstar
Arabella	Rhodesian Ridgeback	Prim. Hubert Pehamberger	Dermatologe
Arco	Boxer	Salzburger Blindenhund, selber erblindet, der Menschenleben rettete	
Arco	Dt. Schäfer	Gianfranco Kaspar	FIS-Präsident
Ari (Amigo)	irischer Wolfshund	Werner Margreiter	Ski-Chef
Arnold	Rottweiler	Familie Benetton	
Aron	Schäfer-Chihuahua	ZDF-Fernsehcrew bei Skirennen	
Artus	Neufundländer	Dr. Helmut Marko	Autorennfahrer, Hotelier, Geschäftsmann
Astra	Schäfer	Hansi Hinterseer	damals Jugendlicher
Ayrton Senna	Rhodesian Ridgeback	Nelson Piquet	Formel-I-Weltmeister
Babsi & Babsou	Yorkshireterrier	Serge Lang	Ski-Weltcupgründer
Bado	Schäfer	Hirotoshi Honda	Formel-I-Motorchef

Baggio	weißer Labrador	Anthony	Sohn von Nina Rindt
Baghira	schwarze Dogge	Niki Lauda	Formel-I-Weltmeister, Airliner
Balu	braune Dogge	Niki Lauda	Formel-I-Weltmeister, Airliner
Balu	Schäfer	Ulla Weigerstorfer	Miss World
Balou	Schäfer/Berner Sennenhund	Bernhard Gstrein	Ski-Slalomstar
Bambi	Rehpinscher	Gunnar Prokop	Erfolgstrainer
Barolo	Hovawart	Christian Seiler	„Profil"-Chef
Bär	Malamut	Bruder von Laika	
Battcus	Berner Sennenhund	Franz Wohlfahrt	Teamtormann
Benno	Boxer	Harry Weber	Starfotograf
Bianca	Labrador	Johnny Herbert	Formel-I-Pilot
Bianca 1 und 2	Boxer	Dr. Bruno Kreisky	Bundeskanzler
Billy	engl. Zwergpudel	Franz Hasil	Exfußballstar
Bimba	Coco-Americain	Alain Prost	Formel-I-Weltmeister
Bimbo	Golden Retriever	Jacques Villeneuve	Formel-I-Weltmeister
Bingo	ägypt. Pharaonenhund	Clara	Schwester von Gianni Agnelli, Oma von Hubertus von Hohenlohe
Blacky	Dackel	Caterina Valente	Showstar
Blitz	Schäfer	Hansi Hinterseer	damals Jugendlicher
Blue	Husky	Graziano Rocchegiani	Boxweltmeister
Bonnie	Belg. Schäfer	Michael Schumacher	Formel-I-Weltmeister
Bonnie	Schäfer	Thomas Frank	GP-Chef Ungarn
Bonnie & Clyde	Belg. Schäferhunde	Jean Alesi	Formel-I-Pilot
Bosco	Schäfer	Annemarie Moser-Pröll	Skikönigin
Boss	Norfolkterrier	Jackie Stewart	Formel-I-Weltmeister
Boula	schwarzer Labrador	Nina Rindt	Jochens Witwe
Bracken	Border Collie	John Barnard	Formel-I-Konstrukteur
Bronco	Rottweiler	Carlos Reutemann	Formel-I-Pilot

Briciola	Chihuahua	Ing. Carlo Chiti	Alfa-Rennchef
Brutus	Pinscher	Ing. Carlo Chiti	Alfa-Rennchef
Bubi	Chihuahua	Elfriede Ott	Schauspielerin
Bugsy	schw. Labrador	Jackie Stewart	Formel-I-Weltmeister
Bull	Dt. Schäfer	Paolo de Chiesa	ital. Slalomstar
Caiko	Neufundländer	Hannes Kartnig	Sturm-Graz-Boss
Candy	Labrador (Kurier-Hund)	Willy Löwinger	ÖASC-Präsident
Candy	Westhighland-Terrier	Heiko Wasser	RTL-Kommentator
Canello	Labrador	Prinz Tassilo von Hohenlohe	Vater von Hubertus
Carioca	Labrador	Prinz Tassilo von Hohenlohe	Vater von Hubertus
Casanova	Schäfer	Horst Skoff	Tennisstar
Chappy	dän. Dogge	Barry Hülshoff	Exfußballstar Holland
Chicca	Schäfermischling	Rosi Mittermaier	Ski-Idol
Chivas	Yorkshire-Malteser	Anita Wachter	Ski-Superstar
Ciara	Border Collie	Gunnar Prokop	Erfolgstrainer
Cilly	Rauhaardackel	Werner Matt	Haubenkoch
Cindy	Rehpinscher	Gunnar Prokop	Erfolgstrainer
Cleo	Schäfer	Ernst Dokupil	Rapid-Sportdirektor
Compis – Kumpel	Golden Retriever	Frederik af Petersens	Formel-I-Reporter
Cookie	weißer Pinscher	Didier Cotton	Hakkinen-Manager
Cookie	Yorkshire	Alain Prost	Formel-I-Weltmeister
Cora	Belg. Schäfer	Ralf Schumacher	Formel-I-Pilot
Corona	Mischling	Willi Bogner	Skifilmer
Daisy	weißer Westhighland-Terrier	Christian Danner	Formel-I-Pilot, Stimme von RTL
Dandy	Boxer	Harry Weber	Starfotograf
Danny	sibirischer Husky	Mathias Berthold	Ski-Damentrainer
Daphne	Golden Retriever	Klaus Edlinger	TV-Moderator

Dax + Dux	Rottweiler	Walter Wolf	Formel-I-Rennstall-besitzer, Ölmagnat, Industrieller
Derek	engl. Setter	Franz Klammer	Ski-Olympiasieger
Dick	Jagdhund	Kristian Ghedina	ital. Abfahrtsstar
Died Eyes	Husky	Gianni Agnelli	Italiens Nr. 1
Diego	Labrador	Ernst Dokupil	Rapid-Sportdirektor
Dingo	irischer Wolfshund	Charles Lindbergh	Erster Atlantikflieger
Dino	Belg. Schäfer	Josef Metzger	„Presse"-Sportchef
Dino	Belg. Schäfer	Tom Walkinshaw	Formel-I-Teamchef
Dino	Schäfer	Steffi Graf	Tenniskönigin
Dobi	Dobermann	Marianne Mendt	Kaisermühlen-Blues
Dr. Max	Golden Retriever	Craig Pollock	Formel-I-Teamchef
Dr. Spock (Igor von Pfaffenberg)	Dobermann	Nora Frey	
Duffi	Lhasa Apso, tibetanischer Löwenhund	Dr. Walter Dellekarth	Skispringer, Tierarzt
Duffy	Schäfer	Steffi Graf	Tenniskönigin
Dusty	Cockergrauer Cairn-Terrier	Christian Danner	Formel-I-Pilot, Stimme von RTL
Elton	Labrador	Theresia Kiesl	Leichtathletikstar
Elvis	Bostonterrier	Christian Ludwig Attersee	Maler
Elvis Presley	Cockerspaniel	Pedro Diniz	Formel-I-Pilot
Einstein	Schäfer-Windhund-Mischling	Gerwald Dvorak	Reisebürochef ENA
Einstein	Mischling	Mercedes Echerer	Schauspielerin
Ercole	Labrador	Luca Montezemolo	Ferrari-Präsident
Fanny	Rauhaardackel	Gerd Bacher	ORF-General-intendant
Faset	Labrador	Alain Prost	Formel-I-Weltmeister
Felix	Yorkshireterrier	Gaby Fröschl	Rapid-Lady
Ferdinand	Rottweiler	Heinz Holecek	Kammersänger

Ferra	Labrador	Rubens Barrichello	Formel-I-Pilot
Flick	Dt. Schäfer	Marc Gene	Formel-I-Pilot
Flo	Mischling	Michael Schumacher	Formel-I-Weltmeister
Floppy	Labrador	Craig Pollock	Formel-I-Teamchef
Flynnie	Border Collie	Thomas Sykora	Slalomchampion
Frau Müller	Schäfer	Mercedes Echerer	Schauspielerin
Freckles	Bernhardiner	Siegfried Mörth	Architekt
Fred 1, 2, 3	schw. Labrador	Frank Williams	Formel-I-Teamchef
Fricka von Buschgut	steir. Brandesslbracke, Gebirgsschweißhund	Annemarie Moser-Pröll	Skikönigin
Fridolin	Mischling	Leopold Zavadil	Jägerhaus-Chef
Friskie	schw. Cockerspaniel	Carlo Benetton	Industrieller
Frizzi	Dackel	Trioler Ehepaar	gerettet von Popstar Sting
Fudge	Bulldogge	Bernie Eccleston	Formel-I-Chef
Fünferl	Rauhaardackel	Katja Heim	deutsche Formel-I-Lady
General Poncho	Shar-Pei	Michael Jeannée	„Krone"-Adabei
Gerry	schw. Schäfer	Dr. Gernot Fischer	Rallyechampion
Gigio	Spinossa	Luca Montezemolo	Ferrari-Präsident
Glemmy	schw. Scottish Terrier	Umberto Agnelli	Juventus-Präsident
Goldi	Yorkshire-Malteser	Anita Wachter	Ski-Olympiasiegerin
Goliath	Boxer	Dr. Bruno Kreisky	Altkanzler
Grano	Rhodesian Ridgeback	Prim. Hubert Pehamberger	Dermatologe
Grimaldi	Briard	Heinz Prüller	
Grolly	Bernhardinermischling	Sonja Klima	Kanzlergattin
Gumby	Labrador	David Richards	Motorsport-Teamchef
Gustav	Neufundländer	Dr. Helmut Marko	Autorennfahrer, Hotelier, Geschäftsmann
Hannibal	Boxer	Heinz Lazek	Box-Europameister

Harry	Labrador	Frank Williams	Formel-I-Teamchef
Henry	Golden Retriever	Attila Dogudan	Do & Co
Herkules	Pudel	Maria Sykora	Spitzensportlerin
Herold	Boxer	Harry Weber	Starfotograf
Hetty	Golden Retriever	Marco Schenz	Chefredakteur
Hetty	Labrador	David Richards	Motorsportchef
Honey (Honig)	Golden Retriever	Damon Hill	Formel-I-Weltmeister
Hondra	Riesenschnauzer	Herbert Prohaska	Exteamchef, wieder Austria-Trainer
Hummel	Dackel	Anita Wachter	Ski-Olympiasiegerin
Humpy Dumpy	Briard	Werner Margreiter	Ski-Chef
Idefix	Zwergpudel	Karin Prokop	Handballerin
Iri	Samojede	Michael Tritscher	Slalomstar a. D.
Iwan	Schäfer	Franz Beckenbauer	Fußballkaiser
Jackie	Mischling	Marlene Lauda	Nikis Lebensmensch
Jaco	schw. Labrador	Rocco Benetton	Formel-I-Teamchef
Jako	Samojede	Michael Tritscher	Slalomstar a. D.
Jana	Mischling	Katharina Gutensohn	Skirennläuferin
Jen	schw. Belg. Schäfer	Kristian Ghedina	ital. Abfahrtsstar
Jenny	Labrador	Peter Sauber	Formel-I-Teamchef
Jenny (Baby)	Westhighland White Terrier	Michael Schumacher	Formel-I-Weltmeister
Jesse	Mischling	Mansour Ojjeh	McLaren-Besitzer
Jessie	Border Collie	John Barnard	Formel-I-Konstrukteur
Jiji	Zwergterrier	Hansi Müller	Fußballidol
Jimmy	schw., langhaariger Setter	Rudi Röckl	Exteamfußballer
Jimmy	Boxer	Peter Marklewitz	Boxer
Johann-Anton	Labrador	Manfred Kimmel	PR-Genie

Johnny	Westhighland-Terrier	Sandro Nannini	Formel-I-Pilot
Jojo	Chow-Chow	Gerd Bacher	ORF-General-intendant
Joki	Rauhaardackel	Gerd Bacher	ORF-General-intendant
Julie	Flat-Coat	Ole-Christian Furuseth	norweg. Skistar
Juny	Dobermann	Marianne Mendt	Kaisermühlen-Blues
Jutta		Dr. Walter Dellekarth	Skispringer, Tierarzt
Karl-Wolfgang	Dackel	Jürgen Schenkenbach	Präsident
KD =			
Killer Dog	Schoßhund	Martina Navratilova	Tenniskönigin
Kelim	Türk. Schäfer	Umberto Agnelli	Juventus-Präsident
Kelly	Labrador	Keke Rosberg	Formel-I-Weltmeister
Kelly	Schäfer	Christof Amann	Formel-I-Veranstalter
Kerry	Scotchterrier	Sonja Klima	Kanzlergattin
Kevin	Border Collie	Thomas Sykora	Slalom-Superstar
Kevin	Mischling	Thomas Sykora	Slalomchampion
Kim	Schäferhündin	Michael Wagner	Austria-Fußballer
Kimba	Schnauzer	Ayrton Senna	Formel-I-Superstar
Kizzy	Labrador	Nigel Mansell	Formel-I-Weltmeister
Kuno	Tricolor-Collie	Achim Schlang	Formel-I-Autor
Lady	Schäfer	Prof. Willi Dungl	Bio-Professor
Lady	schott. Schäfer-Collie-Mischling	Dagmar Koller	Showstar
Laika	Malamut	Philip Steidl	Andalusia Extrem-Veranstalter
Lassie	Collie	berühmtester Filmhund	
Lea	Dackel	Tom Stiansen	norweg. Slalom-Weltmeister
Left	Dt. Schäfer	Jean-Pierre Jarier	Ronin-Stuntman
Leika	Schäfer	Sportlerfamilie Sykora	
Leika	Schäfermischling	Rosi Mittermaier	Ski-Idol

Leila	Berner Sennenhund	Martina Ertl	Skistar
Lella	Rhodesian Ridgeback	Nelson Piquet	Formel-I-Weltmeister
Leyla	Labrador	Mika Salo	Formel-I-Pilot
Lisa	Dackel	Robert Seeger	ORF-Sport
Lizzy	Tigerdogge	Nora Frey	
Loby	franz. Bulldogge	Honoré Bonnet	Ski-Napoleon
Loffy	franz. Bulldogge	Honoré Bonnet	Ski-Napoleon
Lottie	Scottie	David Richards	Motorsportmanagem ent
Lotus	Basset	Chebby Crombac	Formel-I-Professor
Luca	Belg. Schäfer	Toni Innauer	Skisprung-Olympiasieger
Luca	Neufundländer	Dr. Helmut Marko	Exautorennfahrer
Lucy	engl. Jack Rusell	Giovanni Agnelli	Neffe von Gianni Agnelli
Lux	Schäfer	Egon Zimmermann	Ski-Olympiasieger
Luxi	Schäfer	Sportlerfamilie Sykora	
Mabel	engl. Cockerspaniel	Schumacher-Familie	
Macho	Dackel	Harry Weber	Starfotograf
Maja	Dogo Argentino	Thomas Vasek	„Profil"-Chronik
Maly	Mischling	Elfriede Ott	Schauspielerin
Mao	Shar-Pei	Michael Jeannée	„Krone"-Adabei
Martha	Setter	Gaby Jacoby	Schauspielerin, Tochter von Marika Rökk
Maus	Schnauzer	Ayrton Senna	Formel-I-Superstar
Max	Golden Retriever	Jacques Villeneuve	Formel-I-Weltmeister
Max	Schäfer	Steffi Graf	Tenniskönigin
Maxi	Dackel	Caterina Valente	Show-Evergreen
McLaren	Deutscher Schäfer	Emerson Fittipaldi	Formel-I-Weltmeister
Mein Schatz	Labrador	Hirotoshi Honda	Formel-I-Motorchef
Merlin	engl. Setter	Rainhard Fendrich	Popstar
Micky	Irish Setter	Ronald Leitgeb	Muster-Manager
Micky	Wolfsmischling	Norbert Orac	Verleger

Miky	Deutscher Kurzhaar	Dieter Quester	Auto-Evergreen
Mimi	Zwergpudel	Rainhard Fendrich	Popstar
Minou	Pudeldame	Waltraud Haas und Erwin Strahl	Schauspieler
Mira	Schäfer	Lucky Schmidtleitner	TV-Genie
Mita	Schäfer	Alex Zanardi	Formel-I-Pilot
Moody	Malteser Collie	David Coulthard	Formel-I-Pilot
Moritz	Dackel	Rudolf Caracciola	„Silberpfeile"-Pilot vorm Krieg
Moritz	Neufundländer	Dr. Helmut Marko	Exautorennfahrer
Moses	Skinhead bearded Collie	Alex Antonitsch	Tennisstar
Mozart	schw. Labrador	Karl Hofer	Our man in USA
Mysty	Irish Setter	Finn-Christian Jagge	norweg. Ski-Olympiasieger
Nandor	Bulldogge	Luca Montezemolo	Ferrari-Präsident
Nelly	Labrador	Keke Rosberg	Formel-I-Weltmeister
Nero	Schäfer	Karl Wendlinger	Autorennfahrer
Nicki	Dackel	Fam. Prokop	
Nico	Schäfer	Walter Schachner	Fußball-Evergreen
Nike	Labrador	Stephanie Graf	EM-Dritte über 800 m
Niki 1, 2, 3	Dackel	Prim. Sepp Leodolter	Ärztefamilie
Niki 1–5	Dackel	Fam. Leodolter	Ärzte-Dynastie
Niki Lauda	Rhodesian Ridgeback	Nelson Piquet	Formel-I-Weltmeister
Nini (Nina v. Bodanath)	Lhasa Apso, tibetanischer Löwenhund	Dr. Walter Dellekarth	Skispringer, Tierarzt
Nino	Spitzmischling	Peter Artner	Fußballer
Nobu	Cockerspaniel	Paul Stewart	Formel-I-Teamchef
Nougat	Schnauzer	Keke Rosberg	Formel-I-Weltmeister
Okumene	Labrador	Youri Djorkaeff	Fußballweltmeister
Omero	Pinscher	Ing. Carlo Chiti	Alfa-Rennchef
Orlando	Dackel	Marlene Lauda	Nikis Lebensmensch
Oscar	Schäfer	James Hunt	Formel-I-Weltmeister

Paco	Berner Sennenhund	Carlo Benetton	Industrieller
Pancho	Boxer	Ross Cheever	Autorennfahrer
Pancho	Rottweiler	Carlos Reutemann	Formel-I-Pilot
Paula	Neufundländer	Franz Klammer	Ski-Olympiasieger
Penny	Schäfer	Annemarie Moser-Pröll	Skikönigin
Pepa	schw. Mischling	Paolo de Chiesa	ital. Slalomstar
Pepe	Bernhardiner	Franco-Andolfo-Band	
Pepe	Cockerspaniel	Kristian Ghedina	ital. Abfahrtsstar
Pepe	Mischling	Paolo de Chiesa	ital. Slalomstar
Pepper	Terriermischling	Emmi Danzer	Eislaufweltmeister
Phi-Phi	Pudel	Mutter von Alain Prost	
Pickles	Mischling	engl. Dockarbeiter	fand 1966 den gestohlenen Fußball-WM-Pokal
Pico	Wolf/Schäfer	Tobias Moretti	Schauspieler und Rex-Herrl
Pirat	Mischling	Katharina Gutensohn	Skirennläuferin
Piri (Piroschka)	Zwergdackel	Udo Pöschmann	Auto-Industrieller
Pirus	Schäfer	Jean Alesi	Formel-I-Pilot
Pitri (Pankrazious von Lockerhausen)	Dackel	Dr. Christian Senekowitsch	Sohn von Exteam-chef
P. J.	Schäfer	Haupthund von Kommissar Rex	
Poldi	Bobtail	Dr. Helmut Raftl	Lusthaus-Chef
Poppy	Beagle	Ricardo Rosset	Rennfahrer
Prince	Springer-Spaniel	Jackie Stewart	Formel-I-Evergreen
Puffy	Rottweiler	David Beckham	Fußballstar Manchester United
Punk	Yorkshireterrier	Allegra Agnelli	Fiat-Clan
Puschl	Chinchilla	Hermann Maier	Ski-Superstar
Quickie	Langhaardackel	Alfred Böhm	Publikumsliebling
Raika	Riesenschnauzer	Herbert Prohaska	wieder Austria-Trainer

Rex	Schäfer	Hansi Hinterseer	Skistar, Sänger
Rex	Schäfer-Mischling	Franz-Josef Hartlauer	Foto-König
Rina	Promenadenmischung	Ing. Carlo Chiti	Alfa-Rennchef
Rita	Schäfer	Karl Frehsner	ÖSV-Damenchef
Rocco	Rhodesian Ridgeback	Lieselotte Palmer	„Profil“
Rocky	Labrador	Sylvester Stallone	Filmstar
Rocky	Mischling	Marc Gene	Formel-I-Pilot
Roxy	Fox	Josef Metzger	„Presse“-Sportchef
Roland (Garros)		Arantxa Sanchez	Tennisspielerin, gewann French open
Rolfi	Schäfer	Egon Zimmermann	Ski-Olympiasieger 1964
Ronnie	Deutscher Schäfer	Charly Kahr	„Downhill Charly“
Sagan	Chow-Chow	Gerd Bacher	ORF-General-intendant
Sage	Springer-Spaniel	Frederik af Petersens	Formel-I-Reporter
Sali	Pudelmischling	Elfriede Ott	Schauspielerin
Samantha	Scotchterrier	Marianne Cotman	„Krone“-Lady
Saskia	dt. Kurzhaar	Savannah & Fiona	
Scharik	Wolfsspitz	Toni Sailer	Skilegende
Schoko	brauner Pudel	Regine Heitzer	Eislaufeuropa-meisterin
Schwarz	Greyhound	Familie Benetton	
Seb	Labrador	Frank Williams	Formel-I-Teamchef
Seppl	Dackel	Erwin Pröll	Landeshauptmann
Shadow	flat-coated schw. Retriever	Christian Danner	Stimme von RTL
Shep	Hirtenhund	Jim Clark	Formel-I-Weltmeister
Sissi	Dt. Schäfer	Kristian Ghedina	ital. Abfahrtsstar
Sissy	Schäfermischling	Gunnar Prokop	Erfolgstrainer
Snoop	Rottweiler	David Beckham	Fußballstar Manchester United
Snoopy	Dackel	Erwin Janko	Alfa-Importeur
Snoopy	Volpino	Walter Totschnig	Sauber-Mann für alles

Sopherl	Berner Sennenhund	Heinz Schilcher	Manager Sturm-Graz
Speedy	Lhasa Apso, tibetanischer Löwenhund	Dr. Walter Dellekarth	Skispringer, Tierarzt
Stoffel	Langhaardackel	Dr. Peter Strangfeld	Promi-Zahnarzt
Strolchi	Mischling	Ing. Barbach	Porsche-Rennfahrer
Sunto	Schäfer	Wolfgang Steinmayr	Radsportidol
Tazio	franz. Bulldogge	Jean Alesi	Formel-I-Pilot
Teddy	Labrador	Keke Rosberg	Formel-I-Weltmeister
Tessa	Collie	Michael Stich	dt. Tennisstar
Tessa	Schäfer	Annemarie Moser-Pröll	Skikönigin
Tiger	Mischling	Frederik af Petersens	Formel-I-Autor
Tigo	Schäfer	Udo Pöschmann	Auto-Industrieller
Tilo	Neufundländer	Dr. Helmut Marko	Autorennfahrer, Hotelier
Tiny	Mischling	Elfriede Ott	Schauspielerin
Tippsi	Yorkshire	Sabine Hack	DSF-Lady
Tiras	Schäfer	Fam. Prokop	
Titus	Boxer	Dr. Bruno Kreisky	Altkanzler
Tobi	Schweißhund	Erwin Pröll	Landeshauptmann
Tommy	Chow-Chow	Sabine Petzl	TV-Star
Tommy	Scotchterrier	Dr. Walter Dellekarth	Skispringer, Tierarzt
Tonino & Tinoco		Emerson Fittipaldi	Formel-I-Weltmeister
Top Ten	Schw. Schäfer	Horst Skoff	Tennisstar
Tracy	Belg. Schäfer	Michael Schumacher	Formel-I-Weltmeister
Trenta	engl. Setter	Finn-Christian Jagge	norweg. Ski-Olympiasieger
Trouble	Rottweiler	Patrick Head	Williams-Technikboss
Uri	Schäfer	Annemarie Moser-Pröll	Skikönigin
Ustar	franz. Bulldogge	Honoré Bonnet	Ski-Napoleon
Venus	Schäfer	Ing. Richard Lugner	Baulöwe

Vinzenz	Lhasa Apso, tibetanischer Löwenhund	Dr. Walter Dellekarth	Skispringer, Tierarzt
Waldi	Dackel	Sportlerfamilie Sykora	
Wastl	Neufundländer	Robert Hauer-Riedl	Burgtheater
Wastl	brauner Boxer	Dr. Bruno Kreisky	Altkanzler
Willi	Volpino	Willi Weber	Schumacher-Manager
Willy	Chihuahua	Lore Krainer	Kabarettistin
Wischlap	ungar. Hirtenhund	Willy Löwinger	ÖASC-Präsident
Witch (Hexe)	Yorkshireterrier	Allegra Agnelli	Fiat-Clan
Xanthippe	Pudel	Gunnar Prokop	Erfolgstrainer
Yaco	Labrador	Rocco Benetton	Formel-I-Teamchef
Yannick	Mischling	Keke Rosberg	Formel-I-Weltmeister
Zenzi	Lhasa Apso, tibetanischer Löwenhund	Dr. Walter Dellekarth	Skispringer, Tierarzt